박주택
시선집

일러두기

- 이 시선집은 박주택 시집 제1시집 『꿈의 이동건축』(2004)부터 제6시집 『또 하나의 지구가 필요할 때』(2013)까지의 대표시를 선별하여 수록하였다.
- 앞서 나온 시집의 오류나 띄어쓰기는 교정하였다. 그 외 내용은 모두 원문을 따랐다.

박주택 시선집

국학자료원

시인의 말

이번 시선집을 위해
여섯 권의 시집을 여러 번 읽어 보았다.
여기에 실린 시들은 대학 시절부터
지천명에 쓴 것들이다.
다른 사람을 들여다보듯이 페이지를 넘겼다.
이 시선집을 꾸며준 현대시와 현대문학을 연구하는
지도 제자 모임인 프락시스연구회에 감사하는 마음 크다.
나는 일생을 시를 위해 살아왔다.
늘 그랬듯 나를 달래본다.
바닥이 고른 집으로 이사 간 것은
내가 쓴 시 덕택이다.

2025년 6월
박주택

차 례

시인의 말	5	돌	43
		물 위의 노래	44
제1시집		다시 물 위의 노래	45
꿈의 이동건축		희망은 굳센 상처	46
저녁 뉴스	15	시퀀엔스	48
실족	16	정선 아리랑	50
해변의 묘지	17	浦口	52
전신음악법 · 1	20	희망을 위하여	54
전신음악법 · 2	22	決行	56
전신음악법 · 3	23	나는 무신론자가 아니다	57
전신음악법 · 4	24	꿈의 이동건축	58
새디스트	25	아침나무 그림자가 나의	
구름	26	오른손 부위를 지날 무렵	62
나의 피는 O형	28	입 · 입	63
광장	30	聖者 복음서	64
志操論	31	닭	68
밤의 거실	32	설악에서	70
경사 각도	34	도로우의 시민 불복종 서시	72
기회	36	열두시	74
검은 로망스 · 3	38	독선과 관용의 수상록	76
벤치에서 · 1	40	爬行	78
벤치에서 · 2	42		

제2시집
방랑은 얼마나 아픈 휴식인가

風塵 세상 살아가기	91
고비 늙다	92
하얀 붕대의 집	93
보성 여인숙	94
겨울의 벽화	95
밥집 여자	96
세상에 누워	98
버거운 생각	99
그 방을 나가다	100
회충	101
8월	102
화진포	103
누비 이불	104
불만의 거울	106
이상한 일이	108
代役	109
방랑은 얼마나 아픈 휴식인가	112
식탐자	114
설사	116
아로나민 골드	120
그 방을 탈출하다	124
은빛 하모니카	124
낯선 사람과의 식사	125
모반의 사랑 2	126
봄꽃, 그리고 현기증	127
꽃장식	128
마지막 빵부스러기	129
악령의 도시	132
꽃게	134
악령의 또 다른 도시의 노래	136
가벼운 것들	137
황금 가지	138
동상	140
객지인	142
고요한 나라의 억센 읍내	144
시시콜콜	146
하품하는 사내	147
풍뎅이	148
소리가, 드디어	149
가방	150

절벽 위 나무	151	유성 지나, 산 옆 폐가	182
		佳鶴里 밤의 詩帖	184
제3시집		대추나무에게로 가는 법	186
사막의 별 아래에서		가을의 옛집	188
얼음은 날개를 가지고 있다	155	포도나무 꽃이 피었네	189
네 몸으로 가라	156	추억 저편의 묘지	190
얼음새꽃	157	강화에서 한 순간	192
김시습	158	고래 잡으러 가자	194
한없이, 반짝이는	159	찔레꽃	196
주름 속 지느러미	160	누떼	194
숭어	162	여름의 현상학	198
붉가시나무	163	쥐	199
별	164	젖소	200
사막의 별 아래에서 자라	165	악마를 위한 예배송	202
홍도	166	악마를 위한 예배송	203
이 비릿한 저녁의 물고기	167	운명은 이렇게	204
실수의 계보	168	끝나가고 있다 1	
장수하늘소를 찾아서	170	운명은 이렇게	205
서시	171	끝나가고 있다 5	
간월도	172	북두별로의 송신	206
석불을 찾아서	174	하늘로 가는 단칸방	207
팔봉	176	잠의 뭉게구름	208
몽산포에 지다	178	검은 노래의 학교	210
수덕사	179	아이들이 부르는 노래	212
음암에서 서쪽	180	운주 1	213

윤주 2	214	정육점	246
중랑천에서 고기잡이	216	호랑이	247
그리운, 북청	217	미라	248
		전당포	249
		바람을 건너는 법	250

제4시집
카프카와 만나는 잠의 노래

판에 박힌 그림	221	빈 것들이 몸을 열어	251
봄비	222	잠	252
봄밤	223	발자국	253
연못	224	유적의 생애	254
겨울 저녁의 시	225	고요	255
능선	226	金曜日	256
과수원	228	생애의 지도	257
占집 앞에서	230	曠野에서	258
가로등	231	부음	259
교회 앞 사철나무	232	섬	260
소금의 포도	234	엉겅퀴꽃 피는 저녁	262
立夏附近	236	코스모스를 노래함	263
천국의 해변	237	물의 저녁 시집	264
무화과나무 그늘 아래	238	밤배	265
밤은 무엇으로 사는가?	240	이것이, 시월의 일이었다	266
카프카와 만나는 잠의 노래	242	바람	267
동대문 광인	243	鬪	268
시간의 육체에는 벌레가 산다	244	기억에 바치는 弔辭	270
		봄비의 저녁	271
		우리는	272

바람을 읽는 밤	274	영산홍	301
새벽이 온다	275	자정에 내리는 눈	305
		문틈에 바침	306

제5시집
시간의 동공

		이별의 역사	308
		깊은 곳, 깊은 눈	309
폐점	279	점자	310
저수지에 비친 시	280	묘지	311
자작나무 숲은 여기서 멀고	281	저토록 저무는 풍경	312
그때 우리는 네거리에 있었다	282	주름의 수기	313
		강과 나무	314
시간의 동공	284	새로 시작하는 밤	316
촉(觸)	285	대전 교도소	318
건물들	286	소년이었을 때	319
강남역	288	목련	320
붉은 책	289	머나먼 나라	321
그러므로 바람의 수기를 짓는다	290	추억	322
		하루에게	324
여름들	292	먼 밤의 저편	325
사형수들의 공작품	294	고양이	326
이별가 1	295	가을 기도문	327
헌인릉 가서	296	살아 있는 웅덩이	328
문양	297	밤	329
명태	298	기억제	330
배들의 정원	299	저녁의 음악회	331
강남역 사거리	300	저 석양	332

먼 곳의 들판에서	334

제6시집
또 하나의 지구가 필요할 때

언제나 기억의 한가운데	339
고등어	340
숨	341
해머 선수	342
저수지	344
어둠의 산문	346
가죽이 벗겨진 소	347
국경	348
여기가 집입니까?	349
국가의 형식	350
무연고 사망자 공고	354
장례 집행자	355
마음의 거처	356
지상의 것은 지상에서 죽는다	358
내게 너무 많은 집	359
개종하는 밤	360
평원의 산책	362
까마귀	364
도마뱀	366
더블린	367
리뷰 · 단재 · 북경	370
교토에 가본 적이 없다	373
옷 짜는 대합실	376
마음은 이렇게도 가르친다	378
블랙아웃	379
개와 늑대의 시간	380
비올라 연주자	381
복권 판매소	382
파스타	383
두 가지 정치 중에 한 풍경	384
크리스마스	386
전작들을 위한 애티튜드	388
그거 아니?	390
홀리데이	392
도망자	394
가족 심리극	395
지골로 조	400
다시 보는 형상의 유머들	402
겨울의 장례	404
카메라 제국	406
도플갱어	408
아름다운 저녁이었다	412

박주택 시선집 해설
박주택은 이렇게 썼다.   416

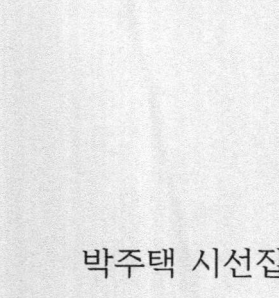

박주택 시선집

———

제1시집

정선 아리랑
浦口
희망을 위하여
決行
나는 무신론자가 아니다
꿈의 이동건축
아침나무 그림자가 나의
오른손 부위를 지날 무렵
입 · 입
聖者 복음서
닭

저녁 뉴스

그는 말할 것이다. 아침에 허겁지겁 출근을 하고
지각에 심장을 태우다가 그는 말할 것이다.
아니 그보다는 점심의 부드러운 야채에 감정을 풀고
괜찮다. 더욱더 많은 밥풀들이 일어선다.
그는 굳은 어조를 풀고 책상 위의 책을 정리한다.
저 진지한 표정의 축조물, 非詩的 인사무실
차가 전자음을 내며 부딪쳤다.
그것들은 원래 정사각형이었다. 어젯밤.
바퀴벌레가 탁자틈을 빠져나와 아무런 예고도 없이 공격했다.
오후는 점점 차가워져 갔다.
꽉 찬 술집에 존재했을 담배꽁초들. 깨어나라. 닫힌, 더 많은.
사무실을 빠져나온 그가 칼을 앞세운
많은 족속들을 지나쳤다.
그는 기다리고 있었다. 그가 늦었다.
그는 새로 사입은 양복이 몸에 맞지 않았다.
과연 오늘도 새로운 뉴스가 시작되었다.
거기다가 정국은 아주 불안했다.
뉴스 속으로 걸어간다. 그는 뉴스를 진행했다.

실족

시간이 지켜지질 않았다.
긴 말이 필요한 사내들은 집으로 돌아가질 않았다.
헤트라이트를 켠 자동차가 지나갔다.
그리고는 짤막하게 말했을 몇몇의 사내들이
술집 입구를 찾아 사라진 뒤
잠시 정적에 싸였다.
별이 보이지 않는 밤이다.
우리들의 性은 잠들지 않는 돌로 단단하고
세상과 마찬가지로 불순했다.
한 사내가 술집에서 걸어나왔다.
그리고, 눈에 보이는 길이 입술을 벌린
어두운 길을 걸어나가는 동안
술집에 끼인 그림자와
시멘트 바닥에 죽은 벌레들이 보였다.
바람이 불어왔다. 그리고 사내들이 일어섰다.
그런 후, 길을 향해 걷는
그 사내들의 길에도 어둠이 덮이자
그들의 많은 손들이 공중에 허우적거렸다.

해변의 묘지

1

그는 태양이 문신을 그리며 떨어지는
모래사구를 걷고 있었다.
태양은, 오후 두시의 적막하고
우수에 찬 바다에 손을 얹는다.
알제리 해변에 칠월의 폭양이 꽂힌다.
노간주나무가 눅눅한 바닷바람을 힘겹게 받아들이는 동안
벌써 세 시간 전부터
숲은 지쳐 있었다.

소금기와 뫼르소의 관자놀이를 비껴가는
수저와 컵, 접시.
침묵이 바다의 끝에서 해풍에 불려와
번쩍이는 칼날로 숲을 차례로 베어간다.
오, 사이렌 소리.

깊은 곳으로부터 관류하는 불순한 징후와
소생하지 않을 것 같은 해초들.
바다의 근육을 당겨 본다.

바다는 무섭게 숨결을 몰고 왔다.
그는, 잠자는 속박과 청춘의 눈썹을 뽑아
바람에 날렸다.
노간주나무에 새들이 모여들었다.

2

두 손을 무릎에 얹고
바다를 바라보는 것은 행복하다.
알제리나 트리폴리의 인간들의
관능과 식욕들은 이 해방의 약속을 모른다.
손에서 풀리는 안식을 모른다.
하늘이 긴장한 모발을 풀며
해변과 포옹하는 오후 세시.
암석 위에 평온한 안식이 내리고 있다.

등뒤 숲속. 새의 목젖에서 풀려나오는 소리 들리고
그 어떤 허위의 표식도 남기지 않은 채
사랑과 삶 형벌과 속죄 행복과 미움 같은 것이
투명한 빛으로 눈썹에 밀려 왔다.

빛은 해변으로 떨어진다.
투명한 컵에 채워진 물처럼
투명하게 뫼르소의 안식과 위안 속으로 떨어진다.

한낮의 폭양은 모래사구에 박혀 있고
힘찬 사자의 울음소리가
뫼르소의 정신과 삶에 대해
입술을 포개는 것을 느꼈을 때

그때.
그는 눈이 엄청나게 부셨다.

전신음악법 · 1

분연히 일어나 숲속을 걷는다.
숲의 펄럭이는 길 끝에 새는 기다리고.
두 팔을 벌린 떡갈나무는 이미 적이 아니다.
숲은 쉼없이 새를 날려 온다.

숲을 걸으면 풀잎과 꽃을 만난다.
전나무가 그의 팔로 어깨를 걸고
패랭이가 물결치며 파장을 보내온다.
이 완연한 모습에 기공이 열린다.

아름답고 신비로운 이 전경.
산의 식도를 타고 차디찬 물이
열려진 기공 사이로 차오르는 동안
돌에도 피가 돌아 생의 부름에
힘찬 기운으로 상승한다.

숲속을 걸으면 숲의 모발은 부드럽고 아름답다.
낮의 뒤척이는 자각들이 생명 안으로 걸어들어온다.
청명한 꽃이 땅의 숨소리와 함께 굽이친다.
대지의 살갗 위에 두근거리며 노래하는

녹색의 음표들 사이에 둥글고 푸른 산소가
몸을 섞는다.

모든 생물들의 세계가 탄생한다.
세계의 음표를 끌어와 나무는 그의 가슴에
선율을 만들고 그것들에 의해 심장은 박동된다.
피부가 고막을 열고 팽창한다.
나무가 터지도록 싱싱하다. 숨이 벅차다.
몸이 서서히 공중에 떠오른다. 온 숲이 떨린다.

전신음악법 · 2

감관을 열고 만난 하루는 즐겁다.
조용한 정적에 잠기는 집은 즐겁다.
집들은 즐겁다.

생각의 僻地가 밝아온다
고초의 한 부분이 조금씩 밝아와
숨통에는 피가 돌고
녹색잎이 들어와 산소를 방사한다.

그 뚜렷한 편애에 눈은 기름지리.
숨죽인 소망과 만나 산란하는 내 몸 위에
天地의 풀잎이 돋는 순간―.

전신음악법 · 3

어느 먼 산을 넘어 얇고 선명한
셀로판지 같은 지상에 이르렀다.
그리고 난 후 짐을 풀고 집을 지었다.

날이 저문다. 지는 석양을 보며
행복의 부푼 가슴으로 벅차
석양에 겹도록 취해 앉아 있었다.

푸르름의 산맥까지 닿는 기쁨. 나무.
산의 숨소리 속으로 새 삶이
조용히 풀어지고.

하늘 맑은 별이 뜨자.
생명 한 중심으로
선명하게 산의 음성이 들려왔다.

전신음악법 · 4

산이 첫별을 받아들이는 숨소리가 들린다.
그와 동시에 달도 부드러운 동작으로 팔과 다리를 움직이고
동물들은 그의 살을 핥으면서
스스로의 중심에 잠긴다.

모진 자책 끝 모든 그림자는 조용하다.
그때에는 뻐꾸기도 신비한 음색으로 잠들 시간을 알리고
존재의 유려한 야생초들만이
그의 집에 램프를 켜고 길을 밝힌다.

존재를 탐닉하기 위한 시간이 왔다.
해의 발톱에 긁힌 상처를 묻고
흙으로 눕는 스스럼 없는 시간이.

관목들이 영혼의 밑바닥에 잠긴다.
빛나는 보석으로 달이 연거푸 숲을 비추는
그 즐거운 땅. 그 땅 위에 몸을 맡긴 채
정적의 감미로운 전망을 휩싸고 돌면
동물들도 해의 발톱에 긁힌 상처를
그의 땅 속에 묻고, 기도하는 시간 위에 눕는다.

새디스트

나는 내 생존의 끝에 살의를 만든다.
번뜩이는 광채가 몸 중간에서
그대들의 넋에 이른다.

이 움직일 수 없는 부동의 힘에 나는
사로잡힌다.
포승에 묶인 채 격파되는
그대들 넋들의 조각을 보며.

좁은 강을 질척이며 걷는
나의 넋에 그림자가 없다.
이 완전한 힘에의 순종.
거부할 수 없어 터질 듯이 팽팽한 환희.
나는.
그 누구의 넋이라도 닿을 수 있는
살의를 만든다.
그대들의 넋에 이른다.

구름

저녁 끝에 서서 나는 손에서 놓아지는
구름 한 떼를 관찰하고 있었다.
그때, 구름이 그의 길을 비켜
석양을 보내주었으므로
눈이 부셨다. 그리하여 내가 손을 머리에 얹어
살아 있는 듯한 잠 속에 잠겨 있을 때
거인이 나의 허리를 안아 주고 갔다.

나는 지는 해를 만져 주고 있었다.
어깨에서는 저녁 별이 떼를 지어 뜨고
몇 장의 구름이 물 속에 그의 옷을 적시는 동안
내 손금에 서식하는 새들이 날아갔다.
내 눈안으로 날벌레들이 잠입해온다.

―아버지, 노새와 말은 왜 크기가 다르나요?
―아버지, 사람은 왜 서로 사랑하지 않나요?

그러므로 나의 아들에게 설명할 수 없는 이 복잡한 세상!! 하자
아들은 지는 구름 속으로 날아가
영영 구름이 되어 버렸다.

아주 나의 아들이 구름이 되어 버린 뒤
나는 매일 이 언덕에 서서
아들의 안부를 묻곤 했다.
뻐꾹새 울음소리가 나는 저녁.
나는 상심해서 말했다.

―아들아, 노새와 말은 크기가 다를 뿐이지.
둘 다 꿈을 꾸고 있단다.
―아들아, 사람은 먼저 자기 자신을 흘러넘치게
사랑하지 않기 때문이란다.

나의 피는 O형

삶이란 깊은 뜻이다. 텅 빈 고요 속에 찾아오는
숲속의 정적. 생명의 바다이다.
그 눈부신 성전 위의 산의 숲은 푸르고
우리는 움직인다. 우리는 비상한다.

그리고,
분명한 의사소통으로 혈액이 돌고
아름다운 경이에 말을 잇는다.

어떻게 늦잠으로부터 돌이 깨어나지 않으리.
더듬는 손에 걸려오는 빛의 반짝이는 떼들이
예리한 비늘을 세워,
가슴에 박힐 때.

아침의 붉은 손이 돌의 흉곽에
핏방울을 찔 동안
깊은 곳으로부터 울려 올라오는
아름다운 진저리. 움직인다. 우리는 비상한다.

입술로의 몇 배보다 반짝이는 빛나는 눈이

정면을 꿰뚫고
열린 내부로는 서로에 맞닿아
벅찬 떨림으로 공명되는
푸르거나 붉은 생명과 함께.

광장

오전의 대합실 문이 열리고 있다.
눈바람이 몰리고
차표를 들고 출구로 가는 사람들.
허허롭도록 驛숨는 고풍식이고
리어카에 실려가는 짐꾸러미들.
소년이 소년에게 손을 흔들어 보이고는
눈바람이 몰리는 광장으로 나간다.

겨울은 강을 오랫동안 얼려 놓았다.
동해로 가는 열차는
눈 위에다 시커먼 연기를 뿜었다.
작별하는 손이 뿌옇게 일어서고
출구로 몰려나오는 사람들.
그들은, 오전의 대합실 문을 열고
뿔뿔이 어디론가 흩어지고 있었다.

志操論

견딜 때까지 견디게나.
최후의 악이 부드럽게 녹아
인격이 될 때까지.
고통?

    견디게나.
    편안한 시간이란 쉬 오지 않는 법.
    상처가 깊으면 어때.
    깊을수록 정신은 빳빳한 법

생각 끝의 끝에서라도
견디게나.
그 어떤 비난이 떼를 지어 할퀸다 할지라도
벼랑 끝에 선 채로 최후를 맞을지라도.

    아무렴! 끝끝내 견디다가
    산맥의 지리쯤은 미리 익혀 놓은 후
    영영 죽을 목숨일 때
    바위, 뻐꾸기, 청청한 나무.
    뭐 그쯤으로 환생하게.

밤의 거실

그러나, 고요한 언덕 위에 품안 그리운
고운 새가 긴 잠을 잡니다.

호젓이 길을 걷는 동안
풀잎 세포들이 가늘게 떨고 있습니다.
마을의 화강암 위로 달이 떠오르고
달에게 첫 입술을 줍니다.

미역 냄새 가득한 부두에서 걸음을 멈춥니다.
외로운 사람이 길을 떠도는 새끼고래처럼
마지막 노래를 부릅니다.

조용히, 지상에 내리는 달의 살이 차디찹니다.
바다의 검은 근육을 잡아당겨 봅니다.
영혼의 수풀을 헤치고 꿈이 거친 숨결을
몰아쉬고 있는 것을 느낍니다.

처음으로 아름다운 의식에서 꺼낸 소망의 심지를
돋우는 동안 살아남은 자의 자욱한 안개를
손으로 걷어냅니다.

지금, 정박한 배 안에서 달과 뜨거운 포옹을
나눕니다.

경사 각도

> 젊은 시절이 깊은 통찰도 주지 못한 채
> 흐르는 물과 함께 흘러갔다. ─이근영

1987년 겨울. 남한강 일대에 많은 눈이 내렸다.
내리는 눈을 보며
이 세상 자로 잴 수 없는 깊이에
차라리 사시나무 뿌리 곁 누런 흙으로 잠이 들리라.

양복 어깨 위로 눈이 덮인다.
기울어져 몸의 중심은 자꾸만 헛헛하고
존재의 쓸쓸한 미망으로
지금 보이는 전경은
도무지 길이 되지 못한다.

굳은 결의로 가는 날.
그들은 준엄한 심판 앞에 나를 세워
마지막 소원까지 땅에 묻게 한 뒤
그 기다림의 순간만으로 견디고
숨죽여 온 시간마저 빼앗아 공포로 만들었다.

세상으로 가는 길을 가득 메우는 눈을 보며

유형과 무형의 물질과 정신이 삭아,
저 아득한 남한강의 깨어나지 않는 정적과
함께 얼어 붙는 것을
본다.

기회

단지 그를 만나 말을 할 수 없었던 것은
그의 파고가 높았기 때문이다.
탁자에 놓인 안주에 찌개가 끓는 동안
밖의 눈은 내리고
TV 연속극은 재회의 장면이다.

그가 어떤 이유로 그 자신을 변명하는지에
정신이 쏟아질 때 나는 또 한번의
기회를 놓쳤다. 옆 술좌석에는 승진의 축사가
함부로 오가고 탁자에는 또 한 병의 술이 나왔다.

그렇다면 나는 그를 용서할 것인가.
내가 스스로에 침잠하는 동안 그는 같은 말을
반복하고 급기야 그는 내게 모든 것이
용서됐음을 말하고 화제를 다른 곳으로 옮겼다.

나는 기회를 놓쳤다. 그가 차를 타고 가버린 뒤
아까보다 더 많은 눈이 내렸다.
차가 **빽빽**하게 차도를 메웠다.

그리고는 집으로 가야 할 많은 이들이 나와
차를 불러세웠다.

검은 로망스 · 3
―무자비

새. 날아갔다.
저녁을 비와 더불어 보내는 동안
깃발의 펄럭이는 푸르름으로도 막을 수 없는
상심이 몰려왔다.
떠나지 마, 날마다 새로운 미래. 우리들의 희망
겹겹이 몸을 덮어 오는 구름 속의 날
세워두지 마!

여름이 가고 가을이 오면
첫닭도 볼메며 울고 있나니.
내가 돌아오지 못할 길을 떠나
네모반듯한 집에 이른 뒤
창 밖으로는 몇몇 불빛만이
창에 낀 먼지와 함께
외로움 따위로 사무쳐 왔다.

밤강의 여덟시.
잠실 강변에는 얼룩진 감정들이 밀려 왔다.
길을 잃어버린 채
막막함으로 떠는 가족들.

새까맣게 엎드려 오는 쥐.
어둠. 폭우.

벤치에서 · 1

살고 있다고 말해야겠지. 지난 시절이 지는 해에 묻히며
뜻모를 쓸쓸함으로 다가오는 시간.
머리에 패여진 깊은 강.
문 밖의 세상은 한시도 편안하게 해주지 않고
컴컴한 밤 낯선 곳에 세워둔 후 나를 따돌린다.
패거리로 휩쓸려 다니면서 언제나 나를 따돌린다.

집에 와 말없이 계시다 유리문을 밀고 역을 빠져나가시던
아버지의 모습. 밤이었지만 꿈을 꾸지 않았다.
동생이 돌 위에서 겨울을 보낸다 들었지만
그에게로 한 장의 모포도 보내지 못했다.
아침에 이십 센티의 눈이 내렸다.

입사 술을 마시고 헤어진 친구의 손이 차가워 오는 동안
나에게 굵은 바늘을 꽂아준 휘황한 서울의 시가.

시계는 달리의 책상에서 잠들고 엎드려 시를 쓰는
가슴에도 모란은 피지 않았다.
눈물보다 더한 목청으로 살리라.
봄이 오면 들판에 서자.

겹겹이 미치도록 방에 갇힌 채
내리는 눈을 보며 살리라
봄이 오면 들판에 서자.

벤치에서 · 2

지금, 지는 해와 더불어 지난 시절이 뜻모를
쓸쓸함으로 다가오면 살아 있다고 말해야 하리라.
바쁜 생활 끝에 찾아온 휴식마저 상처가 덧나
걸리며 욱신거릴지라도
봄이 되면 가 보고 싶은 들판

이르지 못하고 끝끝내 흘러만 다니는 생각들로
눈이 더워져 오고 세상의 모든 것이
뜻대로 되지 않고 다 내 것이 아님에도.
내 붉은 모란은 굽이굽이 굽이치며 어디로 가는지.
내 붉은 꿈은 멘 목청으로 품을 열고 흘러 어디로 가는지.

돌

팽개쳐진 것이 돌이었다고
생각해 본 적이 없다.
돌마저 아침에는 머리를 닦고
눈부신 활동을 한다고 믿기 때문이다.
나는 우리가 돌이라고 생각지 않는다.
또한, 계단을 내려가며
돌이 내려가는 것이라고 생각해 본 적이 없다.
적어도 내가 우리에게 내는 소리가
해머에 찍혀 부서지는 돌의 소리라고
내 일찍부터 생각해 본 적이 없다.
낯선 내가 나의 존재와
우연히 만나 잠 못 이루며 회의와 번뇌로
아파할 때에는 정말이지 내가
돌멩이라고 생각한 적이 없다.

물 위의 노래
―민경에게

별을 뿌린 듯 산을 옮겨 푸른 별인 듯
밝은 표정으로 너는 걸어온다.
너의 만발한 손.
조용히 네 손에서 들려오는 빗소리로
나즈막히 내게로 와 가슴 뛰놀게 하더니
넘실대는 강물로 나를 기르는구나.

아가야. 그렇다. 나는 너의 적이 아니다.
내가 비록 먼지에 덮인 길을 뒤집어쓴 채
네 앞에 있더라도 언제라도 네게만은
풀꽃 핀 들길을 보여주고 싶었다.

슬프게 집에 돌아와 누운 뒤
산을 옮겨 푸른 별인 듯
아가, 너의 얼굴이 보이고
아침이 오고 저녁이 오고
밤이 왔다.

다시 물 위의 노래

　새벽창으로 풀잎 냄새가 맡아진다. 열린 영혼에 피는 자욱한 새벽안개. 아가야 그 잎의 날개를 달고 꿈을 꾸는 달콤한 자의 잠 속으로 침입하고 싶었다. 그 속에 섞여 어느 먼 길을 걸어온 새벽에 깨어 내 몫으로 오는 행복을 나누어 주고 싶었다. 슬피 울어주어야 할 많은 생각들에게 진정으로 말해야 할 시간이 온다. 단단한 외피에 싸여 꽃망울을 틔우지 못한 꽃과 굴러 강에 이르는 돌에 대하여. 아가야. 영혼을 앞세워 길에 이르는 나의 길에 새의 깃터는 소리 들리고 먼 길 오는 새벽에 만난 조용한 삶의 발걸음을 만난다. 높은 산으로 와서 뉘우치는 自省. 새벽의 강보다 깊이 침강하여 수면 위에 자욱한 새벽안개. 문 밖의 세계에 너무 오래 서성이며 세계로부터의 回信에 가슴 죄며 때때로 분란을 일으켰던 것은 이제 지난 일이다. 광명한 날이 온다. 하늘 푸른 새 생각 속으로 밀려와 인고했던 나날 앞에 고개 숙이고 쑥꽃마저 새벽 창 밖으로 상처를 내 가슴에 묻으면 어느 먼 길을 걸어온 새벽이 열린 영혼에 자욱히 핀다.

희망은 굳센 상처

가문비나무에 비가 내리고
풀뿌리 밑으로 물이 흐른다.
무성한 입김의 시간이 온다.
고요하고 견딜 수 없는 시간이 온다.
한낮의 깊은 방이 흐르는 물결에 씻겨
하얗게 마르고,
날마다 씨뿌리고 간 빛나는 산 발끝에
물의 비늘을 일으키는 바람이 분다.

비 내리는 창밖으로 여자들은 지나가고
우산을 접은 채 물묻은 손으로 문을 연다.
신념을 위한 시간이 온다.
무성한 입김으로 살 수 있는 시간이다.

지금은 우리의 행복.
아직 일이 끝나지 않았어도 우리는 행복해…
젖은 풀잎이 수면 위에 떠오르고.
더 많은 절실함을 위하여
우리가 우리 몫으로 채운 길.
창밖으로 물소리가 귓속 깊이 씻어 올 때

희망은 굳센 상처.
기다린 자의 가슴에 만발할
희망은 굳센 상처.

시퀀스

들녘 차창으로 갈대가 반짝인다.
목적지까지의 지루한 시간이 계속되는 동안
느린 발걸음으로 잠이 왔다.

그 일은 얇게 살을 베어내 갔다.
밤 늦도록 일에 매여 집에 돌아와
스스로의 중심에 앉으면
의자로는 칡뿌리가 엉켰다.
그들이 왔다. 늪으로는 비가 내리고
밀림으로 코뿔소가 걸어간다.
그리고 지친 넋의 일부를 떼어
안개 자욱한 물결에 보탰다.

그 공간에는 아무것도 자라나지 않았다.
그 무서운 힘은 한 입자의 공기도 문 안으로
새어 들어오지 못하게 한 뒤
철사같이 꾸부러진 것으로
몸을 쑤셔댔다. 깊은 저녁이었다.
그 깊은 곳에 병은 구름과 함께 머물고
산의 허리 속에는 희고도 붉은 것이 보였다.

아무도 손 쓸 수 없었네.
질척한 날이 많을수록 땅이 단단해지고
공원의 숲길은 아름다웠지.

더 많은 부드러운 시간이 흐르는 동안
어두운 길을 택해 걸어가는 그림자 뒤에
희미한 달이 뜨고
그 길 뒤에
깊은 가을밤.

정선 아리랑

무서운 풍경의 사슬을 끌고 절벽에 왔노라.
천인단애한 생명은 한순간의 일이고
지나면 잊혀지는 역사이지만
할 말이 많노라. 쓰러진 숲 사이로도 동박새는 날아가고
장마 끝에 푸른 하늘이 시퍼런 비수로 꽂히는데
한순간의 생명이라고 말하기엔 시간이
너무 짧구나.

떨어진 태양의 뒤를 보고 싶다.
아득한 서해의 일몰은 황홀하기만 했었고
서러운 회한은 그립기까지 했다.
절벽에 왔노라. 산수유 흐득이며 흐르는
저승 강물아,
네 머리채 휘어잡아 비류하는 독수리가 되고 싶다.

정선 아리랑 걸걸하게 들리면 안타까운 이 순간
너도 너이고 나도 나이면
저 노랫소리 누구의 귀로 아리랑 소리
떠나면서 누가 떠난다고 하는가.
무서운 풍경이 질리도록 널려 있는

절벽 사이로.

그 옛날, 아득한 일생을 내려다보며
춤추며 웃는 날이 있다는 말을
그리워하자.

浦口

1

강기슭에는 철새의 무리들이 떼지어 있고
갈대들이 다소곳이 몸을 굽히는 저물 무렵
바람은 저녁노을 층층이 건너 이곳으로 오리니.
바람 앞에서 그 많은 기도와 묵상을 하였던 날들은 얼마이던가.
기다림의 나날을 보내다
실의로 저녁 밥상을 대하던 날들은.

남아 있는 자의 자욱한 먼지와
진실로 미더운 눈으로 창을 보며
아침이면 수련꽃이 손을 흔들고
저녁이면 수북히 떠 있던 별의 빛나는 의미.
잃은 것은 잃은 채 잊혀진 것은 잊혀진 채 돌아서지 않는 발길로
스스로의 중심으로 돌아가더라도
지금 잔물결 이는 기슭의 갈대처럼
부스럭거리며 눕혀지지 않는 불면의 잠들.

2

새벽 총총한 걸음으로 오리라.
기다리는 순절만으로도 행복한 날.
날이 새면 기억하는 자의 가슴만
혹독한 멍이 들거늘
밤은 어찌 이렇게 바람만 안겨다 주는지.
끝끝내 살아 잊어버렸던 것들이 깨어 오는 무렵
한밤내 뒤척인 방안으로는 쩡쩡히 눈시린 해.
저 강 끝에서 불어오는 바람은 언제까지
갈대들을 눕히고만 있을 것인가.
철새들도 어디론가 날아가고
물결만이 허허롭게 남아 있어 기다리는 자의 일렁이는 가슴을
닮아 머리를 날리며 서 있는 이곳.
저 무리지어 날아가는 무심한 철새들이 알겠는가.
돌아서지 않는 발길로 스스로의 중심으로 돌아간 뒤에라도
잔물결 이는 기슭의 갈대처럼
부스럭거리며 눕혀지지 않는 잠들을.

희망을 위하여

밤새 뒤척인 풀잎 잠만으로는 다 말하지 않으리.
바람 끝에 불려오는 희미한 봄소식은 굽은 대지의 등에
이제 더이상 찾아오지 않으리니.
나뭇가지도 얇은 어깨를 희망에 기대어 눕지 않고
차라리 봄보다 따뜻한 겨울에 언 몸을 녹이리니.

스스로 만든 굴레에 세상에 대한
증오가 겹쳐 노래가 되지 못한 노래.
불러 끝없는 비운과 만나
꽝꽝 언 얼음이 되더라도.

희망이 오른팔이나 왼팔을 일으켜 세워
드넓은 광야에 세워
목터진 음성으로 지축을 흔들게 하지
못할 것이므로. 다시는 절망하지 않으리.

이 쉼없이 흘러 아무도 그의 갈 곳을
모르는 것들에 대해.
밤새 뒤척인 잠으로
말할 수 없었던 많은 일들이 쌓이고

힘이 돼주지 못했던 사람들의 얼굴이
비록 흰별로 뿌옇게 떠갈지라도.

決行

한 부분 위에 서 있습니다.
꽃이 피었습니다.
비가 6월의 정적 앞으로 내려
길이 미끄럽습니다.

  저녁입니다.
  위에는 잔혹한 밥알들이 그윽히 모여
  싹을 틔우고
  창에서는 빗소리가 들립니다.

이제는 책도 덮을 시간이 왔나봅니다.
겨울 내내 덜컹거리던 습습한 가슴에
갈아 끼운 유리가, 슬픈 세상을 비출 때

  연필로 종이를 찢어봅니다.
  찌르르르 벌레가
  방문 틈으로 비집어 들어오고
  아카시아 뿌리가 엉켜오면

내일이 산을 넘는 날입니다.
내일이 산을 넘는 날입니다.

나는 무신론자가 아니다

회한은 어두운 저녁으로 와서
밤 정원에 가두어 놓았다.
나는 나무들의 심장을 찢어
방을 밝혔다.

황폐한 비극 위에 선다.
돌의 입상들이 불안한 그림자를 분산시켜
가슴으로 어두운 구름이 덮여 오는 동안
음험한 벽들이 세워진 내부.

생애 끝에 오는 푸른 죽음은
어디서 숨쉬며 기다리고 있을까.
우수수 잎이 떨어져 날리는 밤.
나의 유서는 입을 벌려 제문을
읽는 바람에 날리네.

앉아 있는 발밑으로 벼랑의 물이 흐르고
검은 산맥이 무성한 관목을 흔드는.
신의 가슴에 용서받는 벌로
잠들지 못하는 날.

꿈의 이동건축

1

목재를 실어 나르는 貨車를 타고
숲으로 가네
수맥을 짚어 한 모금의
물을 마시는 동안
구름이 어둡게 어둡게 몰려오지만
풀밭에 제비꽃 몇 장 숨기고 있겠지
휘어이 어이 부는 바람같이만
처음인 곳으로 가는 나중의 하늘
숲속으로 들어서면 푸른 잎맥의 바다
물레를 잣는 어머니처럼 부드럽게
하늘이
내게로 내려와 물을 주시고
마을의 풀밭에 씨앗을 뿌리시고.
아하 바람은 한사코 내 머리 위에 머물러 있다.
끌로 땅 끝을 깎아 나무들 사이의 行蹟을 깎아
햇살을 모아 두면서, 바람의 옆모습을 지켜본다.
세계는 옆으로 열리고 열린 창문처럼
쑥뿌리가 내 겨드랑이털까지 휘감아돈다.

2

뽑힌 노을은 東쪽 하늘에 머물러 있을 것인가
창포 꽃잎이 티눈처럼 손바닥에 퍼지고
귀에 잡힌 푸른 공기, 푸른 목숨이 서럽게 느낄 무렵
가슴속 얽혀 있는 내 生涯를 점치리라
별을 보며, 넓적다리에 진득거리는 절망을 떼어다오.
어제처럼 노을 위에 누울 때
까마귀떼 내 발밑으로 돌아와 눕고

  무릎 사이로 말할 수 없이 많은 강물이 빠져나가 시방, 내 앞을 지나가는 사랑 앞에 서면 반딧불보다 더 빛나는 나뭇잎들. 산이 되는 바람에 의해 숲을 건너온 강물은 팽팽한 슬픔을 만드는데
  나는, 흡반으로 길고 먼 바다를 빨아들인다.

한 마름의 비단으로 아버지가 가슴을 껴안네.
이 손바닥에 비쳐지는 단 하나의 바다. 우수의 불꽃,
안개 표지판 없는 生涯의 채찍을 몰아
西녘 하늘 굽이굽이 돌아 모두
내 집으로 불러들이는

내 뒤를 밟던 새떼.

3

손수 나의 흉금을 털어놓자
화살 모양의 안개는 지평선 밖으로
과녁을 찾아 떠나가고.
나는 집 구조와 가구들을 이동시킨다.
강물 때문에 어느새 현기증이
높낮이의 생애를 닮아가도
나는 다시는 태양을 찾지 않는다.
처음으로 약속받은 땅의 일이며
어떠한 경우에도 이것은 바뀌지 않는 것이므로.
다만, 나무들이 지평 위에서 나를 지켜보기 위하여
날마다 까마귀알을 받아낼 뿐이므로.

그러면서도, 생명을 낳고 뜨거운 혈맥을 찾아 계곡을 건너온 물소리가 굽이굽이 천정을 울리고, 허물을 벗는 바람을 얼러 등 굽은 회양목 아래서 또다시 깊은 잠을 자리라. 그때는 겹겹의 사랑이 땅 끝에서, 살아 있는 나를 눈물겹게 껴안아 주리라.

내 입의 불, 어두운 저녁녘에 그려내는 내 눈의 太陽.
꿈의 세계로부터 빛나는 아름다운 약속.
지평을 밝히는 꿈으로 새는 날아가고
머리에 불꽃을 이고 아침.

나는 잠을 깬다. 일찌기
내가 貨車를 타고 이주해 온 숲의 아침에
맑은 햇살이 거미줄을 투명하게 비춰주고
보물과 곡식들이 가득찬 나라에서, 말하리라.
깊이를 숨긴 고독 속 새로 남아
내 굴레가 무엇이며
어떤 속박으로 죄어드는가를.
그때, 사과나무에서 꽃이 피고
양떼들의 풀밭에 양떼구름이
어떻게 순례하는가를.

아침나무 그림자가 나의 오른손 부위를 지날 무렵

저 山의 짐승에게 이름을 주었다.
한 주먹의 물방울을 그의 이마 위로 보냈다.
아침이 소나무숲과 살을 섞은 뒤
그의 젖줄을 세차게 빨아대는 것을 느낀다.
머리 위로 잎이 돋는다.

나무가 손바닥을 흔들고 있다.
발굽으로 돌이 모여들고 돌이 열어 주는 숨.
나는 나무 위로 손바닥을 얹었다.
숲이 떨리는 것을 본다.

식물들, 그들은 한 마리의 물고기로 헤엄쳐 왔다.
맨발로 반짝여 오는 산과
이슬을 받쳐 들고 서 있는 나무.

나는 내 곁에 앉아 있는 아침의
등거죽을 만진다.

입·입

생각하면 너무나 어두운 세계로부터의 回信
풀잎도 엷게 세상에 떨며 궁벽한 저녁 속에
몸을 눕힐 때

우리들 내부로부터 솟는
뾰족한 돌.

삶이 분란을 일으킨 후
잠적한 입을 따라 말의 〈가운데〉에
들어갔다.

말의 〈가운데〉.
그 속에는 뜨거운 혀가 있고
숨이 벅찬 입이 있지.

비의를 숨기며
혀 뒤에 뒤척이는.

聖者 복음서

나는 태양을 얻고자 태양이 비치는 길가에 앉았다.
오랜 시간이 흘러 햇살이 내 가슴의 통로를 지나는 것을 보면서
나는 쓰러졌다.
어느날 빛이 정지하고
나는 태양을 태양이 되어 만났다.

이 비밀을 아는 사람은 태양과 나뿐이다.
그리고 이 비밀은 빛나는 약속을 가져다 준다.
만일 내가, 그대들 앞을 지날 때
불러보아라. 그때 나는 분명히
그대들 눈 위로 투영되는 하늘의 태양이
되어
그대들의 입술과 가슴으로 눈부신 빛의
화살을 당기리라.
그대들이 빛으로 침식되는 동안
물살이 순식간 그대들 앞가슴을 덮고
덮은 물살은 수족을 단 채 그대들을
잡아당기리라.
그리하여, 그대들이 태양과 물로 흥건히
적시어질 때

폭풍이 조용히 머리 숙이고
강한 골격 보이며 비상하는 독수리가
그대들 머리 위로 안수를 내리리라, 안수를 내리리라.

잠이 온다, 바람이 불어 나무가 뽑힌다. 구름의 잠.
다시 꿈을 꾼다. 사막과 산을 몇 굽이 넘고 빛나는
숲속에 닿았다. 군중이 무릎을 꿇고 왕관을 씌워준 뒤
나를 신전에 앉힌다.
일찌기 신이 경작한 땅에 찬란한 싹의 벅찬 기쁨이
넘치고 번개를 타고 중천에 이르는 나의 길은
상승하는 불, 최초로 예지의 말씀으로 천체로 가는 순교자.

강렬한 핏기로 주위는 밝아오고
바람 속에서 나는 군림한다.
이 휘하의 바람을 거느리고 잠시, 아득한 벼랑 끝에서
바다를 바라본다. 가슴 끝에서 불어오는 불의 힘이
무섭게 후미져 온다.
그대들이여, 기다려라. 숱한 배반을 만나고 어떠한
不和를 만나더라도 태양과 내가 그대들의 고유한 심성을
받아들이는 한.

생명의 새벽, 나뭇잎은 떨어지고
잠든 지상 위로 빛이 解土한다.
꿈의 뒷켠에서 물을 받으며
출렁이던 안개가 풀밭 위로 잠든다.
구름을 타고 가면 태양이여, 내가 잎을 흔들었던
사랑으로 저 군중들의 목숨을 흔들어다오.
몇 수바퀴 돌다가 東으로 가는 새의 부리를 닦아다오.
손바닥에 고이는 태양을 받아쥐면
온통 질러 놓은 불이 되나니
후미진 곳에서 잠을 깨는 그대들이여
허물을 벗는 소나무 아래에서
뜨거운 빛으로 깨어나거라
뜨거운 빛으로 깨어나거라

셀 수 없이 많은 산소가 아가미를 통해
뿜어져 나오고 중천에 뜬 나는 그대들을 굽어본다.
그렇다. 내가 태양을 따라 올라갔던 것처럼
그대들에게, 강인한 생명과 옷과 집과 먹을 것을 주겠다.
그대들의 썩은 껍질을 벗기며

새롭게 부화되기를 날마다 기도하겠다.
행복과 사랑이 그대들 가슴 깊이
철철철 흐르도록 그대들 슬픔의 기둥을 쳐부수어 버리겠다.
불의 힘으로 등뒤에서 불을 주는 태양 속으로
더욱 깊고 튼튼하게 잠입하겠다.
뜨거운 화산이 숨쉬는 자연의 이법으로
그대들의 불꽃을 받아들이겠다.
그대들의 가슴에 돋는 지느러미를 세워주겠다.

발광기로 감지하는 땅은 정결의 땅.
촉각은 감전되어 떨리는 음색으로 그대들에게
신호를 보낸다. 말하고 싶다. 아, 나는 말하고 싶다.
내 일찌기 그대들의 목젖에 뿌리 뻗은 태양이었고
롱펠로우의 화살과 노래를 사랑했다. 나는 말하고 싶다.
정신에 대해 동등함에 대해
쓸쓸한 적막이 우수를 몰고 낮은 산으로 엎드린
광야에 대해.

닭

1

우리가 무엇을 위하여 투쟁한다는 것은
얼마나 막연한 추상인가.
네가 삶의 한 본질로 살다가 내일이나 모레나 그 어느때
목이 비틀릴 것이라는 서글픔에 젖었을 때
네가 할 수 있는 것은 너의 아버지로부터 투쟁을 배우지
않은 것을 후회하는 것뿐.
이 비틀림의 굴종은 역사의 한 필연이고 자연의 건강한 순응이므로
비틀린다는 이유만으로는 아무것도 항변할 수 없다.
신도 이 조그만 희생에는 너스레를 떨지 않을 것이며
너의 불안한 목숨도 비트는 자의 손에는 하나의 작업일 뿐이다.

2

밤마다 숲에 달이 걸린 채 고인 물처럼 달빛이 닭장 안으로
수북히 적셔 오면 서서히 돌아간 닭들을 위하여 기도할 때이다.
깨진 병쪼가리나 돌을 삼키면서 쓰러져 일어서지 못하는
닭들을 위하여 닭장에 썩은 물이라도 예비할 때이다.

그러면서도 닭의 자손아.
이 비틀림의 굴종은 역사의 한 필연이고 자연의 건강한 순응이다.
그리고 우리가 아침 저녁으로 기도한 것은
보다 나은 것을 구하기 위한 것이지
깨뜨리거나 허물어뜨리려고 한 것은 아니다.
다만 자손아, 저 흥건히 적셔 오는 달의 눈을 파서
나의 눈에 박고 싶구나. 그리고 너희 중 어느 누구
푸석한 흙을 밟고 떠돌면은 저며 오는 추위를 막아줄
이 겹옷을 벗어 놓으리니.

설악에서

눈이 내린다. 산비탈 곳곳을 채우는 2월의 끝눈.
세상의 물이란 물은 얼어붙고
에일듯한 바람만 부는 적막한 산.
내 잠시 버너의 불꽃으로
시린 발과 시린 손을 녹일 때
쓸쓸한 시선으로 쳐다보는 네 눈빛이 파고든다.

그러나 내가 녹인다면 무엇을 녹이며
무엇으로 얼어터진 살갗을 녹이겠는가.
허리를 굽히며 살던 이들이 추운 세상과 만나
적막한 집으로 돌아가던 발걸음을.
차가운 방에 등을 대고 누웠다가
북받는 한이 풀려 넋도 없는 그림자와 함께
떠돌던 이들을.
발가락 마디에 흰꽃이 지피고
눈이 흰가루로 부서지던 밤.

소녀여. 전적으로 내가 너의 편이 되어
내가 너의 무엇을 녹일 수 있으며
무엇으로 이 추운 산 후미진 곳에서

묵을 파는 너의 어머니의
얼어터진 살갗들을 녹일 수 있겠느냐.

찌개를 먹는 수저로는
등줄기를 후려치던 눈발이 퍼올려지고
위장 속으로는 차가운 물이
서늘하게 굽이쳐 오기만 하는 것을.

도로우의 시민 불복종 서시

로크의 생각에는 확실히 일리가 있다.
시민이거나 개인이, 원하든 원하지 않든 간에
폭풍과 번개도 그것이 하늘의 뜻에 가깝다면
받아들여져야 한다는 것은.
계절에게 빼앗기고 시드는 나무 밑에 떨어진 과일이
아무리 태양과 물의 빛나는 뺨과 부벼지더라도
어두운 세계로 들어가는 흙과 만나 결국
흙이 된다는 사실은.

나무―파리한 시민
너는 자꾸 무엇인가 망설인다.
그것이 빈 의자에 쌓인 먼지에 관한 것이거나 지워지지 않는
상처에 관한 것이거나 어두운 물에 씻겨 내려가는
생명에 관한 말일지라도.
생각해보면 그 무변의 진리와 강대한 왕의 채찍 때문에
두근거리는 목숨에 관해 한 마디 말이나 주고받아 볼 수 있었겠는가.
그리고 법이 다스리기만을 위하는 것이라면
어떻게 법의 무릎을 베고 편히 잠들 수 있었겠는가.

어두워지는 시가.

눌리고 비틀리며 살던 이들이 화사한 달빛을 밟고 떠난 후
남은 집만 말없이 어둠에 잠겨 오는 동안
가슴 한복판으로는 질식할 듯한 저녁 조수가 밀려왔다.

무엇인가에 굽히는 것만으로는 행복해질 수 없다.
눈과 입과 귀까지를 감추고 살다가도
어느 순간에는 더이상 속임수에 넘어가지 않으리라는
결심을 해보았을 테니까.
대지 위의 식물조차 아름다운 시로 노래하는 새를 만나
춥고 무서운 폭풍과 번개에 관해 들었을 테니까.

그리하여 모두가 눈과 입과 귀를 일제히 열고
잠든 정신을 흔들어 일으켜 세운 뒤
그 불의의 법을 향해 맞서기 시작할 때
또 다른 법이 그 힘을 다스리기 시작한다면
그 법이
아주 먼 미래의 조용한 새벽으로 동이 터올 때까지
참고 기다려야 하는가.
아니면 무엇인가.

열두시

자정의 고양이는 발톱을 지구의 한 부분에
걸치고 탁자 위에 잠들어 있다.
그리니치 천문대의 종소리는 무사한 신호를
지구 사람들에게 알리고
마룻바닥을 진동시킨다.
아무 일 없이 잠들고 있는 것이다.
폭설이 내린 채 전차와 마차가 나뒹굴어진
모스크바 야외의 막사와 스페인의 투우사도
식사를 오래 전에 마치고
죽은 듯이 그의 몸체를 눕힌 셈이다.

〈조직사회〉. 성주로서의 그는 하늘을 자를 듯이
달빛을 가르고 풀잎 한 조각 못 베어도
칼은 매일처럼 갈고 닦는 숨겨진 검객이다.
누구나가 그러하다. 그러나 그들은 결코
싸우지 않는다.
그러면서도 칼을 갈고 밤이면 컴컴한 술집에서
남자다운 호기와 기개를 발휘한 후
조용히 하룻밤을 보낸다.
아무 일도 없는 것이다.

그리니치의 무사한 신호를 받고
풍만한 자정 감미로움 속에 잠든 것이다.

독선과 관용의 수상록

독선

그리고 독선이여 너는 평판이 나쁘다. 너의 끝없는 자존심이 끝나기를 기다리며 참아 온 사람들이 지는 잎으로 떨어져 붉은 흙이 되었음을 생각하면. 너의 굽힘 없는 힘때문에 부서지기도 하다 별이 하얀 가루로 보이기도 했지. 그 욱신거리는 전망에 입을 다문 채 明月空山을 느끼던 사람들. 흐르는 구름에게 물어볼까? 근심으로 새운 날의 흐린 날씨에 대해.

그러나, 독선이여. 우리는 너를 크게 나무랄 자격이 없다. 환심을 사려고 쓸개를 빼놓거나—갈대의 각도보다 더 큰 각도로 휩쓸리는 부드러운 눈을 가진 자의 감춰진 칼보다는 나은 것이기에. 그리고 너의 눈을 붙인 채로 세상을 바라볼 때의 그 정정당당함이란!

관용

너의 더디게 오는 게으름으로 인하여 두근거리던 일 얼마나 기다려야 너는 오는가? 활시위 끊어질 듯 살면서 포근한 솜털이나 바다같이 넓은 가슴을 생각이나 할 수 있었겠느냐. 우리들 자신이 용서받는 순간을 맞닥뜨려 본 후에 너의 깊은 사랑을 알아볼 줄을.

그러면서 우리는 어찌했는가. 이 넓은 세상에. 믿음과 돈과 타인에 대해.

너의 창으로는 푸르른 들판이 보이고 바다가 간간이 출렁이는 뒷켠에서는 일시에 눈이 부신 천상.

爬行

1

絶涯를 꾸미는 죽음처럼 튼튼한 걸음걸이로 차오르는 달.
밤의 그곳에서 사휘야, 저기 저 흐느끼는 들짐승들 머리에
안개가 일렁인다. 안개의 입에서 곱고 깨끗한 새를 날린다.
한결 낯설은 땅 위를 날면서 우는 새.
침묵은 어둠에게 가서 문을 두드린다. 어둠에게 보내진 것은
시간. 튼튼한 걸음걸이로 신화를 지고 별 아래로 떨어지는 시간.
땅의 넓이만큼 빛을 감추고 언젠가 이곳에
소리가 울려 침묵이 열릴 때

    맑은 탄생을 축하합니다.
    손님처럼 세워두고 당신은 나에게
    무엇이지요. 당신에게 물어 보니
    왜 이런 어둠과 망각을 깨우십니까.

그리하여 그대의 말도 침묵 앞으로 갈 때
사랑처럼 어둠이 날면서 날아간 상승의 높이만큼
了解되고 있다.
힘의 시간은 숲 아래로 떨어졌다.
말[言]들이 悔恨을 채우다가 건조의 땅 위를 걸었다.

별은 말[言] 등뒤에 꽂히면서 죽었다.
말은 아무말도 하지 않았다.
잎마다 우는 덤불 속으로 물·공기·바람 그리고
輓歌 소리가 불타고 있을 때 달빛이 하얗게 꺾여지고 있다.
流刑의 바람은 幽明을 채우다가
형벌을 두려워하는 口吾의 邊土 밖으로 이름을
말해주며 질주한다. 걷지 않는다. 사랑하지 않는다.
시작도 끝도 없는 軟風이 동굴 속으로
불려갈 때 오한을 위한 옷을 준비해 두지 않았다.
所任을 위하여? 死者를 위하여? 手話, 平仄音, 변명, 輓歌, 祈禱
文集 罪?
인사도 없이 休止의 숲으로 날아간 새의 이름을 불렀다.
동굴을 채우는 바람과 바람의 布告로부터
들려오는 화답— 어둠만으로 부족한 어둠, 어둠 위에
어둠의 무게로 비워지는 어둠의 죄, 그리고
밀회의 순간에 작별하지 말자 끝
유적지에서 寓話는 상연되고 있다.
예언의 손끝에서 여러날 몇 세기 후
멀리 영혼도 없이 換生의 기쁨을 보며
아름다움에 싸인 시간은 흘러가고 시간은 죽어가면서

偶像을 섬기는 자가 되었다.
우리들 모두가 同類다.
부르면 화답하는 바람의 風土, 제3의 結集이다.
침상으로 순례하는 後裔들은 出産을 이야기하면서
胞子를 뿌렸다.
저쪽 안개가 江물을 적시고 있다.
우리들의 神經을 겨누는 狩獵 앞에
죽은 꽃을 꺾어들며 안개는 숲으로 간다.
하늘로 간다. 어디로, 그리고 어디로든지.
아무도 들여다보지 않는 묘실에서 피는 꽃 너머로
찬란한 물결이 되어 형체도 없이 흐르는 소멸과 황폐의 이마 위로
불을 질렀다.
그러나 어떻게 가면처럼 童貞을 버려두는지 몰랐다.
우리들의 본성은 함몰되어 가고 있다.
不在하는 것만이 확실하다. 祝盃! 祝盃!
침묵은 파충류처럼 습습한 땅 위를 배로 걸었다.
고적은 떨어지며 본성의 병에 투명하게
채워지고 있다. 그 무게만큼 외로움의 무게와 더불어
오는 공포, 공포는 우리들 明滅의 손에 닿아
瓶은,, 빈잔처럼 飢饉을 담고 있다.

병 속에서 침묵은 만가를 부르며 걸어나왔다.
고독이 던지는 그물 안에서 悔恨은 비밀을 들려주며
비밀을 위해 잠들었다.
사방의 존재들과 弔詞의 時를 예비하라.
흙과 감금당한 말과 시간으로 죽은 자를 예비하라.
밤이 깊도록 忘却을 위해 떠돌다가
침묵의 시간에 암기한 未知는 잠들고 있다.
잠들고 있는 낱낱의 術語를 깨워
본성의 병을 통해 비춰보면
풀이 물구나무를 서고 풀이 큰 나무로 보인다.
하나의 숲으로 보인다.

2

다시 休閑地를 거닐면 숲이 어두워 누구의 숲속인지
알 수 없다. 불멸의 새는 사랑의 形姿를 붙잡고
축축한 나뭇가지 사이를 날아다닌다.
새가 날아다닐 때마다 사물들의 존재들이 떨어진다.
우리들의 관념이 취하여 잠들어 있고 우리는
無 속에서 모두 한 빛깔의 외투를 입고 있다.

열려진 침묵 사이로 어둠을 뿌리면서
神話를 읽어주는 절망을 만났다.
숲을 건너 그리고 저 들판 위에 뿌려진
神託을 건너 절망은 회복의 지표에서 배회하고 있다.
몇 代의 왕조가 바뀐 이 숲의 王國에는
이제 길게 비추는 빛이 없다.
이 城壁에 쌓인 孤寂이 어디서 비롯되었는지,
알 수 없지만 침묵은 어둠을 걸치고 다니다가
땅 위에 방언을 뿌렸다. 또
企圖, 또한 受苦, 抗拒, 敗北의 땅, 祭司者,
命令과 審判, 묘실과 신생, 文字化된 생애, 選擇
그리하여 이 다하지 않은 정절을 소유한 힘이 굽었다.
僻地를 걸어나와 奔流 속으로 걸어 들어갈 때
깎는 듯한 결핍, 오! 결핍
本有의 화살에 司祭는 죽어가면서 숲 위에 떠도는
사랑을 보았다. 새는 환상으로 울었다.
환상으로 울 수밖에 없어서 내가 그대 앞에
빛으로 피어 시간의 팔에 안긴 말[言]들의 뿌리를
소유할 수 있다면 習俗으로 그 미상의 不死의 빛으로
우리는 이름도 없는 말들의 땅으로 가면서

숲을 「숲?」이라 불렀다.
河床 앞에서 그림자는 풀어져 내리고
死恢의 바람이 불었다.
이 슬픔을 불러 명령은 天涯의 손[手]에서 뛰쳐나오고
흰빛으로 몸부림친다.
그리고 지금 薄明의 시간 끝에 서서 숲속에
어둠이 온통 잠길 때
보라, 우리들 모두는 떨어진다.
처음의 어둠이 어둠을 부를 때처럼 하강한다.
그때, 어둠은 우리들 이마 위로 떨어지고 있다.

3

고개를 돌리면 시간이 방향을 바꾸고
시간과 침묵과 욕망이 일시에 한 冥府로 피어
불 따라 떠도는 그림자들은 了解되는 상실과 實存을
받쳐 이고 不安 속으로 들어가고 있다.
새벽, 지금껏 서성인 어둠의 둘레로 날아가는 새.
안개가 뼈라조각처럼 흩어지면서 흔들리는 하늘과 땅,
대지에서 가깝게 연 문처럼 하늘은 가깝게

열리고 있다. 문 밖에서 아이들이 저음으로 웃었다.
잠옷을 벗는 夢遊의 시간 옆에서
눈썹마다 붙어 있는 毛線을 떼어내고
胞子를 붙였다. 이름을 불렀다. 어느 나라 말로
불렀는지 알 수 없다.
후미진 고독 끝에 닻줄처럼 잦아드는
迷宮. 그밖의 탄생을 판독하고 있는 예언의 말[言]들은
埋立地 밖으로 투명하게 날아왔다.
훨훨 날아다니면서 말들은 욕망을 찢어내고 있다.
욕망의 손금을 들여다보면
우리가 하늘이라 부르는 곳의 지도를 그리고 있다.
그 때, 빈 盞으로 채운 天啓로의 生涯를
마시면서 누워 있는 곡식들.
祭日에 질주하는 바람이
날개 밑에 빛을 감추고 길을 떠날 때
타성 속에서 荊冠을 씻고 땅과 하늘 한 쪽을
받쳐 이고 서 있는 수렵인을 만났다.
忘却의 시간은 몇 세기 지층 속으로 갔다.
밝은 지등을 걸어논 지표의 사랑을 붙잡고 幽明
속으로 갔다.

안개는 하얀 리본을 달고 은유로 다가왔다.
악기 속에 갇혀 있는 말(言)이
옛날의 우화를 물고
無形의 땅끝에서 내게
이름을 말해주면서
저음으로 웃었다. 새는 죽었다.
내 등을 밟고 안개의 집으로 간 말은
돌아오지 않았다.
挽歌를 부르면 숲으로 가다가
죄 때문에 우는 새를 만났다.
슬펐다. 아무도 말을 기다리지 않았고
새는 말들과도 어울리지 않았다.

새들은 어디로 갔어?
이름 부를 수 없어?
어느 나라 말로 인사를 하지?

혼돈은 혼미한 음울의 틈새에서 말없이
침묵을 태우고 있다.
슬프기는, 손금에서 싹튼 어둠이 침묵과 함께 가시나무 숲
아래서 꽃으로 핀다. 피었다가 진다.

깊은 곳에 파묻어 놓은 바다만큼 출렁이는 시간,
시간은 불후를 위해 무너진 어둠의 고독을
날리기 시작한다. 天涯, 멀고먼 異邦의 나라에서
예지는 시간의 정체를 붙잡고 일어서고
그물처럼, 짜여진 어둠 밖으로 모두 어둠이 되어
날다가 우울을 죽이고 떠 있는 해.
눈을 뜰 수 없다. 하늘과 땅은 톱니바퀴처럼
물려 있다.
점령당한 지도 위에 우화는 깃발로 나부낀다.
이제 멀리 떨어져 있어도 우리를 붙잡고 있는
예지는 시간 속으로 밝게 혹은 어둡게
들어가고 있다.
의식에 젖어 쓰러지듯 기운 길이 슬펐다.
한 줄기 길이 쫓아와 혼돈을 찢어 버린 뒤
부서지는 음울 사이로 아이의 침묵을 쏘았다.
捕獲, 빛이 던지는 화살이 꽂히는 데
처음 열리는 하늘은 시간을 태우고
땅의 넓이와 하늘의 넓이를 태우고 있다.
그림자를 갖지 않는 하늘 사이로
우리는 그림자를 밟고 다닌다.

침묵이 준 原子들이 胞室 안에서
산란을 준비하면
침묵 앞에서 기도문을 외우면서
떨어져 죽는 꿈의 공포가 되는 낱말들.
땅에 욕망이 걸리고
절대의 이름으로 머리 숙인 우리는 우리가 무엇을 하는지
누구인지 침묵은 하나의 그 무엇으로 서서
우리들의 옷깃을 휘감고 어디론가 절규를 몰고 갔다.
창 밖에서 不在의 이름을 불러 빛을 바라보기는
병 속에서 빛을 바라다보지만 숲 건너로 보이는 빛.
땅을 지고 시간을 거슬러 하늘을 오르지 못하는
말들을 그리워하면서 이 하루 나는 울면서 하늘을
날았다. 날으면서 울었다. 오, 그리고 상징의 빛을
받으며 피는 아이들 뒤로
끝없이 내 郊外를 깨우치게 할 때
새 한 마리 정적에 깨어 不死의 춤을 추고 있다.

제2시집

화진포
누비 이불
불만의 거울
이상한 일이
代役
방랑은 얼마나 아픈 휴식인가
식탐자
설사
아로나민 골드
그 방을 탈출하다
은빛 하모니카

박주택 시선집

風塵 세상 살아가기
―노래기

저 벌레.
머리칼을 쭈뼛 일어서게 하는
땅바닥에 멈칫 죽은 척하다
바위 밑이며 풀 틈새로 잽싸게 끼어들어
기고만장 미끌거림에 들뜰
고약한 노린내를 쿵쿵 풍기며
납작 엎드려 기적을 바라는 듯

자존심을 죽이며
죽은 척
납작하게 엎드려 있는

고비 늙다

병원의 복도가 보인다
물기가 마르지 않은 바닥을
벽을 짚은 채
노인이 걸음을 뗀다

마른 손으로
목을 수그리고
땀을 닦는다
……노인의 불결한 숨소리

벽에 아득바득 매달려
한걸음 한걸음 떼고 있는 저 노인
많은 죄업을
그가 준 상처를 아예 잊고 있는 듯

늙은 개처럼 헉헉거리며
복도 끝
그의 침대로 가려는

하얀 붕대의 집

창문의 낡은 커튼과 봉이 긴 물걸레
그 집 뜰앞으로 퀘퀘한 공기 풍겨 나온다

한여름에
꽃이 하얗게 피어

고두밥처럼 꽃나무에 매달려
눈여김을 기다릴 뿐

그 쭈글쭈글 늙은 집 지붕 위로
여름의 불꽃들 힘없이 스러져간다

세월의 각다귀에
깎여나간 백일홍의 집
그 하얀 붕대의 집

반들거리는 지팡이를 쥔 노인
굼뜬 동작으로 이부자리를 말린다

보성 여인숙

저 집의 초라한 눈빛
늙은 개처럼 꼬리를 늘어뜨리고
게저분하게 웅크리고 있네

삭정이 삐져 나와
눅눅한 햇볕을 쬘 때까지

사연 많은 사람들
초라한 집 뱃속에 누워
일어나질 않네

순대국처럼 모락모락
김이 성기는 굴뚝 위로

곰삭은 바람
길을 잃고 머뭇거리네

겨울의 벽화

쌓이는 눈에 발이 빠졌다
모든 것이 뉘우쳐 숨을 고르고
희디 흰 살로만 내려 앉는 늦은 시간이었다
그는
점퍼에 몸을 웅크린 채 걸었다

예전에 어떤 형태의 즐거움도
그와 가깝게 지내질 못했다
질이 낮은 삶이 무질서하게 끼어들고
긴 못같은 것이
거역할 수 없도록 오랫동안 박혀 있었다

눈발이 쌓였다
쌓이는 정적 위에 겨울 나무 한 그루
등을 껴안아 주고
마을 어귀 밥집 유리창에서는
김이
뿌옇게 솟아 올랐다

밥집 여자

1

등을
긁으며
계산대를 만지작거리는
볼품없이 생긴
밥집 여자
辛苦 끝에 바싹 마른 듯
구릉같은 주름과
높고 낮은 얼굴의 윤곽선

밥통 위에
구름이라도 떠가는가
채광이 들지 않는
막다른 밥집에서
구름의 잔치라도 보는가

2

이교도처럼 그녀는 있다

낡은 종교화 속의 여자처럼
손을 치마 위에 가지런히 놓은 채

치마의 얼룩을
바라다본다

3

부디, 우상을
세우지 말기를
헛된 우상으로
낙심하지 말기를

오, 색바랜 벽지에 축복있으라
유행 지난 장신구에
축복 있으라!

세상에 누워

소금도, 뉘우침도 없는 가슴

어느 날 눈을 뜨니
텅텅 빈 몸이 되었다

파리가 몸 안을 들어와
하얀 알들을 까 놓았다

구더기가
바글바글거렸다

버거운 생각

정적 속에 싹트는 뿌리들
윽! 나를 놓아 주지 못하고
독초 근처에 자라게 하다니
노래를 불러 주지 못하다니
불쑥불쑥 살아 오르는 열망을
사창에 끌려온 여인처럼
밤새 몸 밑에 뒤척이게 하다
애정없는 아들만 낳게 하다니

그 방을 나가다

그 덜컹거리는 창문
바람에 몸 속의 종이들이 사방으로
날려가고
벽 위 시계가 조금의 뉘우침도 없이
싸락눈에 잠길 때
겉옷을 껴입고 단단히 집을 나서네
잠자는 책과 의자 등받이의 때 자죽
접시의 가느다란 손목이여
이제는 모두 안녕히

아주 오래 전 어떤 보이지 않는 힘
책임도 없이 방에 가둬 놓고
벽을 쳐 놓았네
그 방을 나가네
그 집을 나가네

뿔난 鬼들 가구를 집어 던지고
계단 무너지는 소리에 섞여
침대가 녹아 내릴 때
잘 있거라, 수저여 비린내 나던 밥그릇이여

회충

뱃속 한구석에 한사코 살아
밤낮으로 흡반으로 빨아 대는

마디없는 허연 놈
장에 움쭉 달라붙어
가슴패기를 슬슬 문지르며
희락에 들떠

진국이란 진국은 다 빨아먹고
기어이 복통에 빈혈까지
시달리게 하는

뻔뻔스런 사랑아

8월

청승맞고 구적거리는
구내 바닥 위

고장난 공중전화와
기미 낀 구두

그리고 그때, 태양이 유효 지난 우유처럼
부글거렸다

어깨에 스며드는
느린 시간 속

금간 기둥과
추레한 얼굴들

그 무덥던 세월의
플랫포옴

화진포

잔설이 추억처럼 희끄므레 부려져 있는 바다 파도도 격한 몸 속의 보푸라기를 뜯어낸다 쿨룩거림조차 바다에 가서는 물방울이 되는 것 청어 가자미가 되는 것 경이로와라, 물결이 가쁜 숨으로 몰려 와 그 깃을 꽂으려 할 때 모래가 그윽한 표정으로 받아들이는 것………… 희망에게 말한다, 네 큰 아가리에 그 무엇을 집어 넣으려고 애썼다 하나 둘씩 꺼지는 불빛과 파멸 욱씬거리는 그리움 그리고 길지 않게 끝날 속절없는 은빛 운명까지. 청량한 바람 대해를 건너 와 곤한 몸을 모래 위에서 쉬고 솔숲 사이 젊은 애인들 서툴게 입을 맞춘다

누비 이불

땀내나는 수첩
잇새에 낀 프라그와 우유팩
여행은 그런 것이다
건어물 상회 앞의 오토바이조차
진흙길을
알고 있는 것이다

맛없는 밥과
나타나지 않는 이정표

간혹,
길이 나타나
말 위에
안장을 얹으며 설레기도 하지만
고장난 전화부스 때문에
고립을
느끼기도 하는 것

무지룩한 몸과
는적는적한 속옷

농토가 보이는 숙소의
무표정한 달력에서
살아갈 날들의 無言碑를 본다

불만의 거울

1

싸락눈이 흩날릴 것이다
나부껴 하나 둘씩
소리를 내며 떨어질 것이다
그 아슬한 하강을 무릅쓸 것이다
따뜻한 공기에 쌓이면서
끊임없이 떨어져 죽는
무위한 동작들
아무 흔적 없이 사라져
다시는 본래의 것으로 환원되지 못할 것이다

몸에서 빠져 나간 무수한 동작들
싸락눈처럼 헤매거나 죽었을 것이다
그뿐만 아니라 남에게 했던 용기있는 금언과
스스로에게 다짐했던 신념들도
힘에 겨운 채
쉬거나 누워 있을 것이다

2

박해한 많은 사람들과
길거리의 개들에게 부친다

생각없이 남을 들뜨게 하거나
가슴 아프게 하여
실의에 젖게 했던
수많은 말들의 성의없음을, 용서하라

이상한 일이

기약도 없이
흘러가는구나
기어코 창고 속에 잡아 가두는구나
그래서, 언제까지 괴롭힐 참인가
진즉, 더 가혹하지 못해 닥달하는 저
운명의 느물대는 얼굴에
침이라도 뱉아줬어야 했는데
패대기를 쳤어야 했는데
감옥 속에 가두어놓고
입을 실룩대며 이죽거리는
질 나쁜 저 자식
어떤 족쇄라도
채울 수 있다는 듯
비아냥대는구나 마구 얕보는구나
그런데도,
덜미를 잡힌 채
교활한 운명의 놀이에
이리 저리 휩쓸려 다니다가
흑흑, 기약도 없이
노예처럼 묶여
운명의 놀이개가 되었으니

代役

관리인은 몸 안에서 잠을 잔다
몸 안에서 몸을 포개고 살찐 코를 곤다
나는 쓸모없는 놈이다

나는 견딜 수 있는 한
모독을 참아 왔다

관리인의 주의를 잔뜩 담은
잔소리에 주눅이 들어

나 자신으로
살아 오지 못했다

줏대라곤 없는 놈
나는 한심한 놈이다

관리인에게 열심히
헌금을 하고
배를 불룩하게 채워 주었으면서도
그저 허둥대기만 했으니

내 안에서 멱살을 잡고
끊임없이 군림하는 그의
살찐 배

이따끔
타이르기도 하고
강퍅하게 윽박지르기도 하는
제왕같은 관리인

가끔씩, 식당의 종업원처럼
걸레로 바닥을 훔치고 있을 때면
역겨움이 일어나
숨통이 막힐 지경이었지만
그뿐

나는 나 자신으로
살아오지 못했다
마음속 얇고 뾰족한
명령들이

망령처럼 나를 밀어
내 밖으로 번번히 쫓아내 버렸다

쇠멸되어 가는
영혼을 본다
우수에 꼼짝하지 않고
유골처럼 말라
사그락거리고 있는
굳지 못한 숨골을 본다

바람이 유리창 너머
勞役의 광장으로
덧문을 열고
나갈 때
번득거리는 자유의 녹색 이마를, 본다

(능글맞은 관리인
내 자각을 비웃기라도 하듯
잽싸게 방에 가두고
자물쇠를 채운다)

방랑은 얼마나 아픈 휴식인가

여행자처럼 돌아 온다
저 여린 가슴
세상의 고단함과 외로움의 휘황한
고적을 깨달은 뒤
시간의 기둥 뒤를 돌아 조용히 돌아 온다

어떤 결심으로 꼼지락거리는 그를 바라다 본다
숫기적은 청년처럼 후박나무 아래에서
돌멩이를 차다가
비가 내리는 공원에서
물방울이 간지럽히는 흙을
바라다 보고 있다

물에 젖은 돌에서는 모래가 부풀어 빛나고
저 혼자 걸어갈 수 없는
의자들만 비에 젖는다

기억의 끝을 이파리가 흔들어 놓은 듯
가방을 오른손으로 바꾸어 들고
느릿한 걸음으로 돌아 온다

저 오랜 투병의 가슴
집으로 돌아 온다
지친 넋을 떼어 바다에 보탠 뒤
곤한 안경을 깨워
멀고 먼 길을 다시 돌아 온다

식탐자

나는
아프리카 들소와 악어까지
먹어 치우고 남국의 과일까지
다 먹어 치웠다
왕국에 사는 무사들은
그런 나를 위해
각양의 사람들을 잡아오기도 했으며
공허의 뿌리를 잘라내주기도 했다
나는 자식과 아내를 먹어 치웠다
게다가, 나를 둘러싸고 있는
생명과
그 안에서 반짝이는
황홀했던 것까지

내 뱃속을 보라
애비 부르는 소리도 들리고
모욕을 참아내는 소리도 들린다
내게 뜯어먹힌 모든 것들이
마지막 생명의 아우성으로
내 살이

악기의 떨판처럼
웅웅거린다

혼미한 회상과 느린 정적이
뱃속에서
꾸르륵거린다

설사

1

예루살렘에 도착할 때까지
물만 마셔야겠다
아무래도 뱃속이 근심스럽다

청년이 유행가를 부르며 지나간다
고통 끝에 부르는 노래이려니

끝내 탈이 났다
옷에 묻었는가 보다

2

한동안 과식을 했다
온갖 잡탕들을 먹어 치웠다
마지막으로 먹어 치울 때
어쩐지 노리끼리 했었다

3

아까보다 옷에 더 많이 묻어나와
살에까지 끈적거린다

술집 파리
―낙태 1

여자, 한 무리에 섞여
짙은 농담을 받아넘긴다
잠시 침묵이다
그것은 그녀에게 힘겨워도
보인다 열적게 다시 술잔
부딪치는 소리. 그 소리에
주위에 입은 커지고
그 속으로 땅콩과 건포
조심스럽게 들락거린다

내부를 잠재우지 못한 여자 술을 마신다
한낮의 상처로부터
깊은 숨을 몰아쉬며 여자 담배를 피운다
늦지 않은 저녁
연기 자욱하고 별도 반짝여, 짐승들도
居所에 들고 비, 가능한 온화한 표정으로 술집을
적시며 콘크리트 관 속을 흐를 때
여자, 손을 탁자에 올려 놓고
앞의 여자에게 말을 건넨다
 "……폭풍에 나무가 뽑혔어. 그 나무에
자라던 열매가 땅에 떨어져

다시는 자라지 않을 거야"
앞의 여자, 피우던 담배를 끄며
다음 말을 기다렸지만 그뿐이다
여자, 이제는 누가 보아도 조용해졌다
불빛만이 덩그마니, 여자 위에 서 있다
여자를 본다, 긴 시간을 보내야 할 기둥을
바로 세우려
움직이지 않고 있는, 짧은 단발의 여자

그때,
파리 한 마리
후덥지근한 공기 속을 날아 와
여자와 거칠게 부딪친다
생명의 한 징표처럼 부딪친 뒤
어디론가 날아가 버린다

아로나민 골드

저 진주홍 목단화같은 알약을 먹으면
젊어지는 것일까
밤 깊은 침대에서 야수처럼
사랑할 수 있는 것일까

작은 모래들이 간에서 서걱거리고
키도 나날이 작아져
소인국 사람이 다 되어갈 때
삶 또한, 야위어
불결한 먼지로만 가라 앉아
책 위에서 어룽어룽거릴 때

진주홍 저 목단화 같은 알약을 먹으면
진짜로 젊어질 수 있는 것일까

기억의 유리창 너머, 푸른 언덕
촛불이 새어 나오던 하얀 성당
聖者의 음성이 가득하게 울려퍼지고
무화과 꽃잎이 하늘대던
그 정결한 노래의 갈피 속으로

성성이 걸어 들어갈 수 있는 것일까

허약한 세상의 한낮
빛에 갈증을 일으키는 카페의 유리처럼
내부는 말라 있고
쭈글쭈글한 젖 위로
고적이 스멀스멀 피어 오를 때

그 방을 탈출하다

1

아주 오래 전
악귀들
폭우 내리는 흉흉한 방에, 가둬 놓고
커튼을 에둘러 놓았네
벼락으로
동강날 듯하던 유폐의, 그 방
벽에선 여인의 한 섞인 울음이
으슬으슬 후벼 오고
섬뜩한 벌레들이
몸 위를 기어 다녔네

얼굴의 경련이 즐거운 듯
씰룩거리며
주위를 빙빙 도는 악귀들
후빈 코딱지를 몸에 발라
능멸하기도 했지

등받이와 커튼의 실핏줄

온갖 곤욕
폭우여

2

얼마만인가?
빛이 보이는 방에
어른거리는 아버지 그림자

은빛 하모니카

는개 내린다
저녁의 가는 공기를 뚫고
추억의 막장 속으로
희부윰한 는개 내린다
광막한 추억 속
어떤 것들은 희미하게 사라져가는 것에
몸을 숨기고
어떤 것들은 솟아오르는 뿌리에
손을 뻗는다
막다른 집 창문에서 아롱대다
아득한 회억의 대지에서
사라져가는 것과 솟아오르는 것들
어떤 것들은 너무나 슬프고
어떤 것들은 너무나 부시다
희미한 은빛 하모니카 소리 들리는
모든 가을, 모든
추억의 풍경 속으로
젖은 가랑잎 뒹군다

낯선 사람과의 식사

사람 사이의 견딜 수 없는
침묵과 말 속의 침묵
식기가 부딪쳐 긴장을 깨는 동안
뱃속 어딘가에 꿈틀대는 식물과
유영하는 가늘고 긴 생선

나와 또다른 〈나〉가 암투를 벌이는 만큼
그것은 훨씬 불가항력적이다

아마도 죽지 않아서
저녁에는 연한 고기를 씹으리
그리고 더 많은 일
천지에 살아 있다는 공룡도 만날 것이고
즐겁고 예민한 소설도 읽을 것이다

말과 말 사이의
⋯⋯어떤 경련

모반의 사랑 2

너, 또한 불안한 음모자였으니
사랑의 눈 먼 숭배자였으니
낮강의 무한한 물 쉼없이 흘러
미라보 다리 아래로 간다

나, 너무 오랫동안 도심의 식탁에 앉아
어느덧 사랑도 함부로 하는 나이가 되었네
거만했던 젊은 기록들이
나쁜 추억만 남기고 극장의 어둠 속으로
빨려 들어가버린 지금

네 미친 불길이 옷들을 태우며
내 방의 열쇠를 훔쳐
대교를 커어브 돌아 들어가네

나, 마른 손으로 아픈 허파를 만지며
너 다녀간 밤의 늦은 저녁을 먹네

봄꽃, 그리고 현기증
— 낙태 3

 그 꽃이 지는 자리 그 꽃들이 피었다가 아무 숨결도 없이 지는 자리 어디서 흘러왔는지 머리카락 하나 핏기 없는 노래를 웅얼거리다 목멘 눈으로 잎 속에 나즉이 몸을 묻는다

꽃장식

 석조 궁륭 위로 포동포동하게 살찐 구름 흘러간다 고독을 바싹 채광창 옆으로 밀어붙이고 도톰한 가방 문양의 구름 말끔히 바람에 씻긴 채 성당 위를 지나간다 자발적이고 즉흥적인 구름의 당당한 행진 스테인드 글라스. 비위가 거슬리는 듯 한쪽이 짧은 빛을 성당 안으로 꺾는다 봄싹들이 길게 자란다 그 뿌리의 자력으로 생을 지탱할 수 있는 평온함 마침내 기억 속의 반점들도 평온함에 몸을 숨길 때 성당의 기둥 다소 종교적으로 보이려는 듯 근엄한 표정을 짓는다 점점 저무는 사람의 일생 불룩거림도 붕싯한 쾌활도 없이 너무 많은 세월을 사람들은 이교도로 살아 왔다 말에 오르는 기수처럼 책을 고르는 소년처럼 단지 시작을 조심스럽게 했을 뿐 표면의 들쭉날쭉한 것들은 손을 쓸 수 없었다 일생의 얕은 산이 생길 때 신의 별장처럼 생긴 성당 위로 살찐 구름 흘러 간다 볼품없는 사람들 거만한 성당 앞에 모여 바이올렛 봄싹들을 본다

마지막 빵부스러기
— 로트렉

1

식탁에 앉아 있는
두 남녀
한 사람은
창밖을
한 사람은
실내의
탁한 공기를
……바라본다

두 사람 사이의
無奇蹟

그 휑뎅그렁한
허기의 평온함이여
포크의 능멸이여
값싼 포도주병에서
피어 번지는 霧笛이여

2

남자는 목제 창틀 앞에서
윗옷을 매만지며
힐끗 시계를 바라본다
견디기 힘든 조바심
그리고 실내에 걸려 있는 모든 것

여자의 낡은 블라우스와
정적의 숫기없는 눈빛

여자의 보스락거리는 치맛자락 끝으로
버마제비꽃 피어난다
진흙을 잔뜩 묻힌 감자꽃 피어난다
후리지아꽃 피어난다

꽃도 없이 피어 난다

3

아이들
햇볕을 받으며
창밖을 뛰어 다닌다

악령의 도시

1

추위가 몰려 왔다
가로수로
동상이 번져 왔다
어둠 속으로는 비수가 하얗게 날아와
강물 속으로 빠져 들었다
함락된 거리에 누가 궁싯거릴 것인가
닳아빠진 젊은 애들만
자라처럼 잔뜩 움츠린 눈으로
번뜩거릴 거리를

오토바이를 타고 어둠 속 길 끝에서
가죽 잠바를 입은 건달들이
몰려왔다

2

부릉거리는 엔진 소리만 가득했다
이따금 건달들 틈에 낀 여자가

과장기를 섞어 거리에 욕을 퍼부었다
그 욕 틈으로 황폐를 두려워하는
몇몇 안경들이 웅성거렸지만
곧 짓뭉개져 버렸다

3

혹한이다
추위가 시가를 정벌했다

사람들은 빗장을 건 채 잠든 척했다

4

허연 고드름이 매달려 있는 밤, 폐허 속 전갈 자리

꽃게

추억들 꿈들 다 버리고
톱밥 위에 어기적거리고 있네
주인의 꽁치 몸에 내리치는 칼날을 보며
시름 점점 산발하네

슬픈 어감의 실내 공기
도마 위 날비린내와 섞여
낭자한 불안을 만들 때
상가교회 종소리
진혼곡이 되어 들려 오네

억센 고요
얼음처럼 차가와져 오네

전구알 너머로 퍼렇게 밀려 오는
물살. 그 너머로 갈치 떼와
물품들의 노랫소리들

몸 트는 혼절 밀려드네
다리마다 소름이 돋고

아파 누운 복어 옆에서
살 썩는 냄새가 나네
안에 깃든 꿈들 사랑들 다 버리네
어떤 죽음에도 책임지지 않으려는
불순한 시간 앞에서

……정말로……공포까지 다 버리네

악령의 또 다른 도시의 노래

땅에
수많은 악덕들이 입을 벌려
어제보다 일이
조금은 더 꼬이게 되고
먼지들도 성질을 죽이지 않아
거리는 온통
오물로 널브러져 있었다네

어쩌다 세상을 저주하는 광신도가
지나 갔네
하지만 기차표 시간조차
바뀌질 않았다네

또 하루가 흘러 갔네
사람들은 아무것도 준비하지 못한 채
악덕의 썩은 냄새에 휩싸여 잠들고

혹, 잠못 든 사람들
머리 위로는
한숨이 뽀얗게 쌓여 가고 있었다네

가벼운 것들

공중에 둥둥 떠다니는 거리들
스커트와
사나운 고양이도 집으로 둥둥 돌아와
밥숟갈을 뜨고 있는 중이고
혼곤히 넋을 푸는 중년도
술집 위에 하염없이 떠 있네

떠가며 가볍게 터지는 시간의
겨드랑이 냄새
스스로에게
약속했던 신념들의 구린내 나는 입냄새

그 많던 산소는 다 어디로 사라져
바람난 풍선처럼 떠 있는 것일까
하염없이 모든 것을 받아들이며
단단하게 내려앉던
무게들은 다 어디로 가
가벼운 것이 되었을까

둥둥 떠다니는 것 좁은 사이로
수캐들 헤매네

황금 가지

백화점 앞 나무 황금으로 반짝이네
그 나무 옆 자신의 방을 잃은
청년들 어슬렁거리고
아가씨들 덩달아 치마를 들썩이네

숨 거친 바람 사방으로 몰려 가네
보드라운 성욕
기름기 많은 보도 위에서 발화하네

으~음! 음탕한
표정들 잔을 비우네
등나무 꽃은 피고
세상은 겉장이 알록달록한 책처럼
야릇하다네

백화점 앞 나무 반짝이네
살진 유리 앞 나무 황금으로 반짝이네

가끔씩 자신의 존재방식이
자랑스러운 듯

화려한 욕망의 빛을 뿜어대며
보디빌더처럼 으쓱거리네

동상

멍청한 사람
손은 우스꽝스럽게 칼을 쥐고
빵빵거리는 차들을 내려다보는
시대 착오적인 사람
꽃들이 고딕식 건물의 정원에서
몸을 말리고 있을 때
그저 높은 곳에만 있어 봐서
사람들과 한마디 말조차 걸어보지 못한
저, 희극적인 권위의 포즈

칠이 벗겨진 근골 위로 비둘기가 앉아 있다
똥을 눌 자세다
오히려 죽지 않아서 욕되는구나
그래, 너무 무거워 가벼워졌구나
한때는 사람들이
그를 우러러보기도 했었지
어떤 이는 충정을 다지는 듯
입을 앙다문 채 돌아서고
아이들은 아이들대로
팬레터를 썼었지

흘러간 은막의 스타여

객지인

초라한 잠바의 사내 탕을 시킨다
굳은살 박힌 손을 주머니에 찔러넣고
잔뜩 웅크린 시선을 벽에 고정시킨다
무덤에나 들어왔다는 표정이다

설렁탕,
饌母의 쓰다버린 시간 속에 끓다가
탁자 위에 올려진다

객지인 수저를 든다

키들거리는 수저

그래서 그런지
손놀림은 한없이 불안하다
턱을 씰룩거리며 밥을 베물어 먹지만
여전히 밥알이 떨어진다

그때마다 객지인, 비밀을 들킨 것처럼
눈을 할끔거린다

……예전에 무덤 안이었을지도 모를
식당에서조차
그는 한없이 밀려나 있었다

고요한 나라의 억센 읍내

나의 살던 고향의 읍내엔
전자 대리점의 쇼윈도에
튀긴 진흙이 말라 파리똥처럼 붙어 있지
소읍의 사람들 휴일이면
승용차를 타고 바다로 놀러 나가고
구수하던 사투리도 이제는 쓰질 않지
어제는 삼거리에서 패싸움을 벌여
한 명이 칼에 찔려 죽었고
그 피가 먼지에 덮인 채
검은색으로 변해 있었다네
노래방을 차렸던 외지사람
그곳의 텃세에 밀려 문을 닫았다지
역으로 가는 길 옆으로는
여관과 다방들이 억세게 버티어 있고
다시 그길 옆으로
살아, 다시는 덤빌 수 없을 것같이 생긴
튼튼한 가옥들

그 가옥들 사이의 어떤 집에
젊은이의 어머니가 매일 새벽기도에 나가

젊은이의 억셈을 빌고
그 가옥들 사이 어떤 집에
그녀의 아버지가
그녀의 끄덕없는 강단을 위해 개를 잡는다

시시콜콜

옷의 색상, 최근의 스캔들
호떡집 불난 일에 이르기까지
웅얼웅얼 뿡얼뿡얼

쓰少가
여성 잡지의 기사처럼
일생을 파먹어 가는 것

소인국 사람처럼
희희낙낙 하는 것

그런 것이지

시덥지 않은 것들이
거머리처럼
진득거리는 세상에서

삶이
크면
얼마나 크겠는가

하품하는 사내

입을 쩍 벌리고
집이며 바다며 시름을 잊은 채

훌훌 잎이 지는
커피숍에 앉아

친구를 기다리는 듯
수첩을 뒤적거리며
전화번호라도 찾는 듯

스멀스멀 다가올
어떤 운명도
모른다는 듯

입을 쩍 벌리고

풍뎅이
—삼호 아파트

아주
먼 나라에 와

둥그런 몸뚱이로
둥그런 그의 몸을 껴안고

마침내 날아

꽃들 사이에서
천 번 만 번
겨운 기쁨으로
발갛게
그의 몸을 달군다

(그 옆. 날아오르지 못한 것들이 갖는
스산한 시름과
쇠멸해가는 것들이 갖는
목 쉰 음성들
그리고 악착같이
담벽에 붙어 있는
담쟁이 넝쿨)

소리가, 드디어

소리가 지내온 계절은
집들이 눅눅해져 있었다
그 눅눅한 기후에 사람들은
기침을 쿨룩거리며 지나가고
그 소리의 곁을 지나친
더 많은 사람들은
식당에서 밥을 기다리거나
차를 타고 교외로 빠져나갔다

간혹, 지각있는 어떤 이들이
소리의 말을 경청하려고
소리의 방을 찾아가기도 했지만
말없는 소리를 바라 보다
곧 지쳐 돌아가곤 했다

그러던 소리가
입을 열었다
깊숙한 곳에서 몸부림치던

분노의 소리가 입을 열었다

가방

무엇이 부족한가
가방은 표정이 없다
그것은 가방의 속임수
많은 날들을 이것저것으로
채워왔지 않은가
이것저것 채워오면서
배부른 자의 불룩한 배를
닮아오지 않았던가
머리를 천정 위로 세우고
아가리를 벌린 채
대체 어쩌자는 것일까
어쩌자고
부끄러운 표정도 짓지 않고
이빨만 세우고 있는 것일까
고름이 터져
노란 냄새가
하느작 하느작
피어 오르건만

절벽 위 나무

아득한 현기에 까무라친 뒤에도
사분사분 자란다

악착같이
바위 위에 버팅긴 채

바람에 뒤틀린 몸의 피톨들을 위해
머물며 흘러가는 법을 배운다

이따금 구름
분리되는 영혼에 소스라쳐 날아
기다릴 수 없는 곳으로 가버리면
그 적요만큼 올곧아 오는 잔뿌리들

뻗어, 치렁한 넌출들

아득한 낭떠러지
공중제비를 돌 때마다
뿌리 끝 아스라한 수액 솟아
온몸을 에두르네
솟구쳐 오르네

박주택 시선집

제3시집

한없이, 반짝이는
주름 속 지느러미
숭어
붉가시나무
별
사막의 별 아래에서
홍도
실수의 계보
장수하늘소를 찾아서
서시
간월도

얼음은 날개를 가지고 있다

두 개의 눈이 있다 하나의 눈은 그의 아버지의 것이다
또 하나의 눈은 그의 것이다
처음, 아버지로부터 그가 유습한 것은 수평이었다
넓고 딱딱한 어금니, 폐였다 광야였다
그리고, 들소를 뜯어먹고 몸 속에 자라는 산맥이 그를
깎은 절벽으로 만들었다 그곳에는 얼음이 붙어 있다

그는, 육체로 정신을 배반하지 않았다
팽팽히 육체를 당겨 절벽으로 만들었다
마침내, 눈 덮인 산맥을 사납게 휘몰아쳐
그 스스로 수직의 아버지가 되었다

네 몸으로 가라

네 몸으로 가라, 네 몸으로 가서
네 몸 속에 불타던 불과 네 몸으로 드나들던
劍들을 보아라, 눈썹을 차갑게 씻으며
폭포수가 하강하던 네 몸 속, 그 불멸의 광야 속
폭우가 내린다, 비린 수풀을 뚫고
빗속, 들개들이 달린다

살을 뚫고 昇天하던 불꽃과
네가 숨을 갈아 쓰던 발자국들을 보아라
네 몸을 둥글게 말며 그림자 위에 빛나던
웅장한 턱뼈들을 보아라
네 몸 속, 그 風磬의 사원 속, 새벽바람이 분다
네 몸 깊은 폭포 위, 등뼈 푸른 새들이 난다

얼음새꽃

산야초, 산 속 얼어붙은 눈 사이에서
노랗게 피어나 雪蓮이라고도 부르고
수평으로 접시같이 퍼진 꽃잎이
새의 깃 모양처럼도 보여 얼음새꽃이라고 부르는
노란 꽃, 얼음꽃, 깊은 산 속 찬 고독을 울거,
사람 가슴가슴마다에 피던 꽃

허약한 한낮, 칭얼대는 투정소리가
거리에 더부룩하고, 뱃살이 간살거리는
毒도 순절도 없는 시대, 저기 저 저, 그리운 뿌리
찬 계곡의 틈에서 적요를 삼키며
자신의 피로 자신에게 경고하며 진흙 세상 한가운데 추연히
피던 雪蓮, 그 노란 꽃

김시습

금오산 갈 때
중중한 손으로 내 뺨을 후려쳐
나를 남자로 만든 쇠심줄, 아버지
뼈를 꺾어 劍을 만들다
살을 찢어 草笛을 만들다
등을 꼿꼿이 세우고 폭포수 속
劍빛 인광을 뿜으며 솔 향
입을 여시니, 태백의 심줄을 보라 하심이렷다

강남역 뉴욕제과 앞
장미꽃을 든 여릿한 남자애 귀고리가 가상타

불알 없는 놈!

한없이, 반짝이는

별을 노래하는 자를 보았는가
휘파람 시를 쓰며 별에게 두런두런 말을 거는 자
잠에도 들지 않고 반짝, 우리들 머리 위로
빛을 보내는 착한 별에게 꾸벅, 모자를 벗고
인사를 나누는 자, 보았는가
전철역이나 까페를 나서다
서린 입김으로 별에게 길을 묻는 자

누가 별을 노래하던가 별의 손을, 누가
잡으려 뻗던가, 우리들 지붕 위의 별
한사코 빛이 되어 그윽할 때
풀싹이 돋던 옷마다 후두둑거리던 별빛
그 맑던 물고기의 비늘을 보며
울컥, 그리움에 손수건을 꺼내는 자, 보았는가?

그 수많은 영혼들은 지금, 어디서
소리 죽여 칼을 갈고 있는가!

주름 속 지느러미

용문사 은행나무 앞에서 기념 사진을 찍은 뒤

비가 그쳐 내려가는 길

한 여자가 고개 숙여
나물을 뜯고 있다,

나무 아래서, 긁어낸 마른 사과처럼
늙은 부인, 속이 텅 빈 채 검은 봉지에 나물을 담는다

나는 말의 고삐를 잡아쥔 채
계곡의 물안개를 물끄러미 바라보다

가랑이에 머리를 박고
나물을 뜯는 부인의 야윈 손을 본다

잡귀 소리 수런대는 소리가 들려오고
뼈만 앙상하게 남긴 채 홀쭉한 주름으로만 덮여 있는

저 여인의 삶을 무엇이 파먹었을까?

저 주름 속 오래된 물고기 냄새

제3시집 사막의 뿔 아래에서

숭어

아스라이 배가, 떠나가는 배가,
수평선 밖으로 사라졌다
산의 나무가, 산의 계곡이, 달 아래
잠이 들었다, 그녀가 소파에 앉아 차를
마신다, 턱을 두 무릎에 올려놓고
그녀는 생각에 잠겨 있다, 먼 곳에
배가 있다, 물결의 힘으로 떠나는
그 배, 떠나가는 것을 보아라!

아이는 길 위에 서 있고, 달의 고요한 물살이
미루나무 사이의 아이를 휘감아 돈다
그녀의 성기에서 실지렁이가 뽑히고 있다
속옷을 빠져 나와 마루를 기어다니다
실내를 가득 가득 채우고 있다!!

붉가시나무

가는 창살, 교수대 옆의 붉가시나무,
공포 속으로 스민 피,
오래된 감옥에 갔었네 농아의 꽃나무,
듬성듬성 짚에 덮여 있고
음산한 구름, 까욱거리고 있었네
땅에 닿지 못한 핏방울이 표류하는 오래된
붉은 옥사 앞에서, 질려, 허연 입김으로
먼지 덮인 복도를 바라보았네

저 집, 푸른 열쇠, 깨진 창고의 멍들
좁은 방에 갇혀, 창살 사이로, 가늘게 몸을 늘여
구름을 타곤 했었네 벽의 입술에 대고
사람의 살을 뜯어먹다 그 살 속에 목 탄
절규를 눕히곤 했었네
밥 속에 섞인 유리조각을 삼켰네
그 유리조각 혈관을 타고 휘돌았었네
귓속으로 가로질러 가던, 가는 창살의 하늘
교수대 옆 무감의 붉가시나무,
刺傷의 붉은 옥사, 깨진 시간의 창고
붉가시나무, 저 집

별

창문을 달지 마라
피가 흐른다, 창문을 달 때마다
꽃잎이 떨어지고 바람이 분다
어느 먼 곳에 더운 눈물 떨어진다

누가 죽고 누가 사는가

사람들은 저녁해를 받으며
정류장의 느린 어깨로 가고
그 중 누구는
비가 내리는 편지를 쓰며
하루의 잠을 걱정한다

사연 없이 죽는 사람이여
꾹꾹 다져온 진물을 바닥에 흘리며
꽃을 꺾어 강에 던진다
살을 베인, 그 꽃
핏방울을 흘리며 검은 별로 간다

사막의 별 아래에서 자라

눈을 크게 떠라
긴 생애가 보인다 폐렴을 앓는 옷은
꽃 덤불 위에 피를 묻히고 귀는 떠 갈 곳 없어
제 마음 깊은 곳으로 쓰린 배를 부빈다
입술을 보라! 끊임없이 헛된 이름을 부르고
사라진 것들이 남긴 가려움으로 겁먹은 벽을 기어 내려간다

꽃은 악몽처럼 가혹하다

푸른 강가를 걸으며 서툰 노래에 몸을 맡긴 뒤
정적 속에서 피어나는 억새들에 살을 베이지 마라
우리가 이제까지 만들었던 것은 육체의
너무 많은 창이었다 바다는 제 몸의 푸르름으로
날개를 달지 않고 별은 숨 없는 곳에서도
스스럼없이 빛난다

길들이 사라진 것들을 다시 불러 꽃을 피운다
창문을 열지 마라!

홍도

무엇이 보이는가?

사람들이 돌아간 자리

사람들의 눈깔만 남아

푸른 허공을 향해, 수없이 치뜨고 있다

이 비릿한 저녁의 물고기

바람의 배후에서 끈덕지게 남은
집들만이 창문에 힘을 모아 밖을 내다보고 있다

관을 닫으며 누군가가 운다

실수의 계보

> 너희가 약탈당한 것을 약탈하라
> —엔첸스베르거

실수의 저자는 나, 나는 너를 모독했다
너의 붉은 뺨에 물의 깨진 조각을 발랐다
손이 베인 너는, 나를 부른다
너는, 우산 속에서 걸어 나와 내 뺨을 후려친다
나는, 두 손을 모으고, 네 다음 처분을 기다린다
가냘픈, 말들이 입속에서 떨고 있다
너는 내 머리를 우산으로 내리치고 있다,

너는 지금, 네가, 약탈당한 것을
약탈하는 것이다, 너는 눈을 번득인다,
나는 네 처분 위에 몸을 눕힌다,

분노는……순환하여……쓰디쓴 독이 되는 것

망설이지 마라, 실수의 저자는 나
나를 개밥이 되게 만들라, 나는 종에 불과, 사막의 모래에 불과
나를 천민이라 부르고 이, 지푸라기를 받아들일 것
이 몸을 곱게 부수어, 산책길 한담을 나눌 때

새의 먹이로 주거나 찬바람에 보태 끝끝내, 죽음에 이르게 하기를!

……아직도 나를 죽이지 못했는가?

장수하늘소를 찾아서

노인은 의자에 앉아 붐비는 전철을 기다린다
지팡이를 세우고 낭패한 세월의 익사한 꿈들을
발로 비벼본다, 그는 그래서 외롭다
모자를 집어들고 전철 속으로 비집고 들어가
그의 오랜 적막을 섞는다, 유령처럼 흐물거리는
그의 몸 속으로 삶의 잔뿌리가 뻗쳐온다
그는 비누 냄새가 나는 여자의 엉덩이에
몸을 붙인다, 발밑에 바위가 깨져 쌓이고
살을 뜯는 냄새를 풍길 때
독말즙 퍼지듯 무엇인가 그의 배꼽으로부터
짜르르 올라가며 그를, 생애의 중심에 세운다
그가, 시간의 즙을 짜 만든 붐벼오는 꿈에 눈을 감는다

서시

네 개의 기둥, 이 하얀 시집

너의 손에 말들이 죽어 갔다

곳곳에 말의 입술 틈 사이로
흐르는 피! 누가 시를 쓴다
말의 목에 올가미를 씌운다

저녁이다,
말의 공동묘지에서 누가 시를 쓴다

공중에 떠 있는 의자

삶을 속이는 저 하얀 시집

간월도

저게 바다야? 승용차 속 아이가
우산을 받쳐들고 나오며 웃는다
눈이 퍼붓고 人家의 마루가 자꾸 바다로
미끄러질 때 나는, 스무 번도 더 와본 이곳
공터에 차를 세워놓고 손톱을 깎는다
철새도래지로 가는 듯한 방송국 차가
사람들의 시선을 끌며 사라져 간다
저 아이는 아무래도 이 바다를
비웃는 것 같다, 썩어보이기도 하는
이 물들의 고요한 뒤척임을, 저 나름의
아우성대는 바다와 견주고 있는 것이 분명하다
눈발이 더 굵다, 차안이 덮인 눈으로
환하다,

나는 내가 이발사라고
말하고 싶은 적이 있었다
포플러나무 잎새가 우거진 뜰에서
머리를 잘라주는, 내 아이들의 이발사
물이 틈새로 흐르듯, 여전히
흙을 타고 넘는 물이 있으면

갸륵하여라, 나는 정복자처럼
가방의 지퍼를 열고, 계란을 꺼내
아이들에게 이것은 나의 것이다
라고, 말하고 싶었던 것이다

간월도가 소나무 숲 사이에 떠 있다
안에는 바다를 바라보는 절이 있어
자꾸 미끄러지는 운명을 불러
그 속을 바다에 재우게 하고
달이 훤히 떠, 바다를 어루는 밤이면
섬도 몸을 열어 교교한 달빛을
쐬게 되는 것이리라,
철새들의 떼가 바다 위를
가로질러 갔다가는 다시,
제 곳으로 되돌아간다
멀리, 아이의 가족들이 간월도를 향해
점점이 걸어가고 있다.

석불을 찾아서

운산, 祖父宅
딱정벌레의 느릿한 걸음과 하얀 도라지꽃이
여우들과 섞여 책 속에서 숨을 몰아 쉬던 구름, 산
그 핏줄 속으로 간다, 사과나무 잎사귀가 길을 만든다
길을 만든다?
그럴 수도 있다, 나는 길에, 오랫동안
기갈이 나 있었다, 돌의 아주 두꺼운 손에서
흰 줄무늬 문장이 힘겹게 일어서고 있다
보라, 하얀 척추다, 사과나무는 천 년 전의 것
누가 나를 부르는가?
둔덕을 걸으며, 하얗게 말라버린
祖父宅을 바라본다, 무수히 떠오르려다
숨져가는 방들, 수척한 방안의 거울들
저 집, 내 유전의 슬픈 불빛, 폐허의 수정란,
말하지 마라, 죽은 자의 흉상들이 길가에 버려져 있다
하얀 목화다, 韓紙 냄새다, 독한 멀미다
그토록 징그러운 폭풍의 꽃, 하얀 사람들, 저집
묘지 위 별은 빛나고 사과나무가 달의 노래를 들을 때
나는, 사과나무 아래에서 이토록 질긴 歸巢를 생각한다
산의 핏줄과 집의 눈썹, 묘지의 모세혈관을 빌려

숨과 숨 속에서 고개를 숙이며
하얀 척추로 다시 만나는 것,
텅 빈 방문을 연다, 후드드득, 먼지가 일어서고
달빛 바위 위 원광 속에서,
보라! 마애의 석불이 푸르도록 빛난다

팔봉

가다, 지푸라기 쓸려 다니다
한 노인 홀로 버스를 기다리며 끔벅, 앉아 조는
망각 속 30000년 전, 희미한 연필 속으로 스미다
멀리 팔봉산을 가리키며 아버지가 장갑을 벗는다
밑동이다, 녹슨 종루 아래 바람은 불고
산이 우뚝, 서풍의 노래를 듣고 있다
기억나냐, 다방의 문을 열며 말한다, 너무 오래된 벽화다
주전자의 끓는 기포를 보다 창밖을 바라다본다
그때, 그러니까, 차 마셔라, 말하자면, 산이 곧 집이었던 시절
이었다
네 몸을 봐라, 노인이 차에 오른다
탁자의 물방울이 머리만 큰 얼굴을 비춘다, 구도나루
배 몇 척, 바다에 부려져 있다, 툭툭 돌멩이를 차
바다에 빠뜨린다, 30000년 전, 어떤 유인원이 이 바다에서
서풍의 노래를 불렀을까, 물 속을 본다

저 돌멩이, 오랜 세월을 숨이 막힌 채 물 속에 있으리라
물 속에서 잘못 부려진 몸 때문에 뒤틀고, 아우성대다
파도에 에이리라 바람이 분다, 아버지 탓이 아닙니다
그저, 진화되는 것이지요, 뭉툭한 그리움도, 슬픔도, 사랑도

꿈도, 뾰족해지는 거지요 학교 옥사 포플러나무 밑에 엎드려
눌러 쓰던 착한 연필이 칼이 되는 것, 그뿐
아버지도, 버스를 기다리던 등 굽은 노인도, 진화된 것뿐입니다
바다 한가운데 섬이 떠 있다, 괭이갈매기 흰 날개를 퍼덕이며
날고 있다 낙망한 나날, 고비마다 맥박이 멈추고 비상구가
열리지 않는 硬化의 겨울, 골목마다 검은 봉지가 뒹굴었다
산맥의 푸른 뿌리가 널 키웠다, 기운 내라
어릴 적 네 앞에는 저 푸른 바닷물이 썩지 않는 소금으로
반짝였다, 점심이나 먹자, 설령, 잘못 간 길에 네가 집을 지었
다 하더라도
그건 네가 사는 집이다 봐라, 갈매기는 절벽에 집을 짓는다
30000년 전 팔봉, 겨울, 아버지와 부두를 걷는다
아버지의 느린 걸음에 보폭을 맞춰 아버지의 추억 속 더 깊은
바다, 침묵하는 알 속으로 간다

몽산포에 지다

헛되고 헛되도다
내 팽팽한 몸 너무 슬퍼 저녁의 설교에 나를 가두고
지나가는 개에게도 땀을 흘렸으니
내 주식이었던 더러운 깃털과 물의 붉은 거품
익사한 별의 눈알들을 파먹으며 이제
나를 키운 고향의 불그죽죽한 자궁 앞에서도
콧김을 뿜어대고 있으니
고르지 못한 발톱들아
이제 꿈틀대지 말아라 나는 너무 치명적이다

어머니, 쉭쉭거리는 자물쇠 소리가 제 귀에까지 들려요

다시 제 무덤의 뚜껑을 열까요?

수덕사

거무스름한 시간의 사이에서
벌레들이 기어 나와 작은 집들을 세울 때
나는 먼 듯한 곳을 여행하였다
그곳은 영산홍이 우두커니 바람을 내뿜고
우물 속에 빠져 있는 수저가 바람이 불 때마다 구부러지는
외진 마을, 담뱃불을 붙일 불도 없고
노래도 중간에 뚝뚝 끊기는 침묵 때문에
나는 의기소침해진 채 지는 해를 바라보았다
마음이 아프지 않은 사람은 없다고
노을이 지고 거품처럼 뿌옇게 밭들이 누린내를 풍길때
어떤 숨결도 별들에게는 이를 수 없다고
격자무늬 밤이 오고 나는
창백한 나무들의 쉰 목소리를 건너
내 안의 어떤 기슭에서 우는 종소리를 들으며 잤다

음암에서 서쪽

바퀴자국이 남아 있는 오후
도난당한 열쇠들이 떠 있다
구름이 이발소의 누렇게 바랜 간첩신고
벽보를 더듬고 있다 포플러나무 아래
뻣뻣한 양철 조각이 일어서고 있다
저 집이다 저때는 네 몸에 반점이 없었다
닭이 홰를 치고 생쥐가 풀섶에서 변을 볼 때
너는 포플러나무 아래에 누워 있었다
어머니가 흐린 안경을 닦으며 말했다

구름이 흘러가고 있다 숨을 죽이며
새가 서쪽으로 날아갔다 깃발이 나부꼈다
느릿느릿 시간이 흘렀다
다시 흐려진 안경을 닦았다 바람이 불었다
이끼 낀 발로 뻣뻣한 양철 조각이 밟히고
오톨도톨 수술자국 남아 있는 가슴으로
깨꽃이 피었다
어디선가 방어 굽는 냄새가 났다
저 포플러나무는 네 아버지가 심었다
네 골짜기에 있는 포플러나무의 잎사귀를 봐라

그건 힘줄이다

서쪽 하늘에 되새 떼들이
몰려왔다 트럭이 달려오다 먼지 속으로 뿌옇게
사라져갔다
어스름이 깔렸다
별이 거무스름한 열쇠 위에서 반짝였다
안이 환한 버스가
흙 속에 발을 뻗는 옥수수 곁을 스쳐
서쪽 등성이로 사라져갔다

유성 지나, 산 옆 폐가

1
누구나, 저런 집이 있지
구릉 속 푸석한 흙과 납작한 무덤들 옆
성에 낀 구름의 합창이 들리기도 하고
철새가 지붕 위로 날아가는, 12월의

폐가, 부르르 떨며 곰보다
더 깊은 잠을 자고 嚴冬 속
쩍쩍 얼어붙는 문고리가 전부인 마음의 폐가!

2
신원사에 간다, 아버지 세월의 불화와
어머니의 금세 눈이 올 것 같은 풍경과

길 옆 탱자나무, 밭에 버려진 배추들

얼마나 가여운 것인가, 허파가 나뭇가지에
걸려 있다는 것, 가는 입술이
흘러가는 구름 속에 부풀어만 있다는 것

연민보다 나쁜 슬픔은 없다

어머니의 굽은 허리에서
닭똥 냄새가 났다

……쉬었다 가자꾸나
어머니가 낡은 농가의 탱자나무를 붙들었다

버려진 배춧잎이 바람에 펄럭, 뒤척였다

佳鶴里 밤의 詩帖

느릿느릿 달이 비자나무를 비추네
3월 꽃샘바람 귀 시리게 부네
흙먼지 이는 차부에서 하숙집까지
요람에서 무덤까지
보얀 시름을 슘으며 걸어가네

슬레이트 지붕 잠이 들고
개울의 물비늘 반짝거리네
파르스름한 고요에 휩싸여

길고 먼 신작로길 걸어가네

옷깃을 여미는 달

소나무 위로 속을 씻으며
차갑게 떠가고 있네

自切을 생각하네,
게의 自切

바람이 漢津 포구 쪽으로 가다
몇 戶 불기 있는 마을로 되짚어오면
내 목숨도 저같이 보얗게 서러워
빗장 걸린 문 앞에 차갑게 서 있네

대추나무에게로 가는 법

당진군 송악면 가학리
하숙집에 앉아
시간의 하얀 줄무늬가 창 틈으로
새어 나가는 것을 보고 있었다

상어 지느러미가
한 쪽이 심하게 휘어진 채 뒷숲으로
사라져갔다

읍내로 가는 버스가
흙먼지를 일으키며
부옇게 사라져갔다

까끌까끌한 희망이
수척한 별과 함께 깜빡거렸다

산이 있었다 그 너머 바다로는
安山 가는 배

마루에 보얗게 먼지가 쌓이고

가슴에 보푸라기가 일 때

울거 삭혀야 대추나무가 되고
배배 틀어져야
꼿꼿한 미루나무가 되었다

가을의 옛집

저 곳, 구부러진 발톱을 바라보며
스산하게 등을 기대던 가을의 번지
바람이 불어 나뭇잎이 이리저리 불려 다니다
흙 틈에 끼어 쓰린 소리를 내며 부서지던 곳
청춘의 집이 그렇게 구부러져 있었으니
낮이 가고 밤이 가고 가을이 왔다

가을이 왔다, 어쩔 것인가
누가 저 집의
누룩 슬던 방을 기억할 것인가

아직도 숨골에 오목하게 남아
숨을 쉴 때마다 하얀 연기로 피어 오르는
상처들의 누옥

나뭇가지가 스산하게 그리움을 부추겨 세우는
또 다른 가을의 땅에
아물지 못한 상처들만 모여 검은 잎사귀로 뒹군다

포도나무 꽃이 피었네

자궁은 나의 교회
머지않아 나는 그 교회로 들어가
주름 사이로 피어나는 붉은 구름과 시계 앞에 멈춰
내 마음속으로 이주해 곱슬거리는
시간을 다독거리며 자그마한 무덤과
개들의 이빨자국이 남아 있는 붉은 구름 속에서
내가 지나쳐온 노래에 휩싸일 것이다
내 마음속에서 만져지는
딱딱하고 미끄러운 풍경들 사이로
소리 없이 열리는 수많은 포도나무 꽃을 볼 것이다
비오는 거리를 지나 옴이 오르기 시작하는
교회의 마룻바닥에 깃털 뜯긴 슬픔을 부빌 때
나의 배경이 된 메마름과 살갗들은
물기에 젖어 끈적한 눈까풀을 뜰 것이다
그리고 교회의 겨드랑이에서는
푸짐한 종소리가 돋고 그 지붕 너머
미친듯이 날개를 치는 잎사귀들이 날아오르며
내 죄의 검은 피를 한없이 비웃으리라

추억 저편의 묘지

이제는 입을 열 때가 됐다
개들은 저녁에 자신의 시간 속에 노랗게 핀
버즘들을 물끄러미 바라보고 달의 긴 불구의 다리가
나무 위에 늘어져 있을 때
길에 버려진 낙엽들은
천 개의 눈을 떠 창을 더듬고 꽃들은 꽃들대로
제 어두운 그림자에 싸여 운명을 갉아먹는다

이것이 추억이란 말인가
좀벌레가 슬어 사랑도 힘이 되지 못할 때
연못에는 고인 눈물처럼 별이 지나간다

영종도에서 을왕리 가는 길

여자는 폐허 같은 풍경을 보고도 예쁘다 하고
맞지 않는 주파수에서 들려오는 노래에
이를 딱딱거린다 나는 어디로 가고 있는가

지나온 길이 뒤편에서 부스럭거리며 일어설 때
나는 폐가 같은 여자의 노랫소리에

차창 문을 연다

그저 그렇고 그런 밤바다

열에 들뜬 몇 명만이 백사장을 걷고
기껏 망둥이만 잡아 올리는 낚시를 바라보다
내 오랜 침묵을 힘없이 기웃거리던 그녀를
캄캄한 바닷속으로 밀어버리고
나는 소나무 아래에서
노랗게 핀 추억의 버즘을 긁어대고 있다
모든 추억은 무덤을 가지고 있다

강화에서 한 순간

온 섬이 들떠 바람 난 여자 같고
밤꽃 냄새가 오랜 역사를 가진 것처럼
송신탑 위로 퍼져가고 있었네
설탕맛 나는 손들이 일어서고 있었네
그 손으로 밤을 지휘하는 나무들이
궁둥이를 높이 쳐들고 씰룩거리는 동안
민박집 파라솔에 앉아 아주 오랜만에
우표를 붙였네, 안경을 피아노 건반 위에
올려놓고 잠이 들었네,
움푹 팬 모래 구멍 속으로 발을 뻗었네
별이 떠 있어 양말에서 냄새조차 나질 않는
밤이었다네, 발 속에서는 조금씩
바닷물이 잠겨오고 작은 섬에 서 있는
솔잎들이 몸을 덮어왔었네,
머리맡에서 아주 크게 들리는 소리에 깨어
자리에서 일어나 창문을 열었네
새벽바람이 불어오고 나무 사이로 보이는
붉은 십자가, 시골 교회 종소리가
퍼지고 있었네, 실핏줄 속으로 성가곡이
느릿느릿 울려 퍼지고 있었네,

깨끗한 새벽,
나무 위 매미가
맴맴맴매~ 애엠
제 숨 오르는 살을 비비며 울고 있었네

고래 잡으러 가자
―윤학에게

할매집 구석에 박혀, 부대찌개로 안주 삼아
마실 때 누런 벽 그림에는 벌거벗은 여자가
다리를 꼬고 앉아 있고, 너는 그 밑에서 물수선화를
흐벅지게 피우고 있네 가는귀가 먹은 나는, 귓속으로
틈입하는 먼지를 털어내며 말이 말을 갉아먹는 소리와
말이 잡아먹힐 때 내는 읍! 하는 소리에 깜박, 과거에 드네.

驛인데, 나는 공중전화에서 너를 불렀네
까페에서 너는, 다 잡아 먹힌 말로 폭설입니다, 조심하세요
네가 끓이는 茶소리에 몸이 더워져 올 때
기차가 오고, 나는 실핏줄 가득히 번져오는, 눈을 털었네

꿈틀거리네, 누런 벽 속의 여자, 입술도 반쯤 벌려
아까보다 훨씬 농밀해졌네
이제, 너는 가고자 했던 것보다 더 멀리 지나쳤거나
이르지 못한 길을 말하고 있네
세상에 잡아먹힌 말로 텅 빈 驛에 대해 말하네
취한 채 일어섰네
물안개가 일 것 같은 골목
너는 한없이 젖은 소리로 바다에 대해 말을 하네

블록 담 밑에 주저앉아 푸르른 바다에 대해 말을 하네

그래, 날이 밝으면 고래 잡으러 가자

찔레꽃

일생을 통해 기쁜 날은 한 달도 안되고
사람은 일생동안 127그루의 나무를 훼손한다고
너는 말했다 그리고 너는 뜨거운 차를 황급하게 마시며
황사가 태평양을 건너 6일 후에 애틀랜타에 도착해서
異種의 씨앗들을 틔우고 그 씨앗들은 다시 본토의 씨앗들과 육체를 섞어
새로운 변종들을 만들어낸다고 말했다 비가 내리는 오후였다
나는 비에 젖은 꽃들의 안부가 궁금해
들판으로 달려나갔다

찔레꽃이 피었다

나는 들판에 서서
비를 맞으며 하얗게 피어 있는 모든 常綠의 일생을
처음으로 내려다볼 수 있었다

누떼

누워 별을 본다
동백꽃 폈다

검은 상처의 배
깊은 곳에

부서지던 서랍과
땀의 노란 젖들

누워 별을 본다

하얀 누떼를 본다

여름의 현상학

오랫동안 비 한 방울 내리지 않았다
오랫동안 땅은 흙먼지를 일으키고
곤충들까지 힘없이 나무에서 떨어지곤 했다
오랫동안 솔잎혹파리가 숲을 고사시키고
창에는 얼룩이 지워지지 않고 있었다
소녀가 옷이 벗겨진 채 썩은 내를 풍겼다
소녀가 울고 있는 책에 하얀 봉투를 씌웠다
암장당한 자들의 뼈가 뜨겁게 달아오르는
땅 속, 지렁이가 살을 찢으며
아이들 울음소리를 내다 목을 꺾는다
사내가 성기를 꺼내 흔든다
사내가 병을 깨 팔뚝을 긋는다
사내가 시간의 눈알을 송곳으로 찌른다
마른 소금이 땅을 덮는다
나무들의 기둥이 울부짖는다
사람들의 무덤이 하얗게 솟는다

쥐

마약 주사에서 깨어난
쥐가 파르르 떨고 있네

게슴츠레 까풀이 풀린 채
비명을 지르며

상자 안을 쉴 새 없이 기어 다니다
머리를 유리에 짓이기고 있네

그러다, 실험용 주사기 바늘에
제 머리를 수없이 찌른 뒤

꼬리를 길게 늘어뜨리며
흐르는 피 속에 몽롱한 숨을 몰아 쉬네

젖소

무엇을 말하려 하는가
너는 둥근 눈을 들어
바람이 불어오는 쪽을 본다
검은 반점, 부푼 배, 기도하듯 앞발을 모으고
무릎을 꿇고 있다

흰구름이 떠간다

해미 읍성 가는 길

농가 한켠
사과꽃 피어 한낮이 더 밝을 때
너는 이빨을 씰룩거리며
말을 건다

그래, 너는 연못
너의 깊은 곳에 산란하는 너는 물의 어머니
흰구름 떠 있는 너는 연못

가려운 등을 하늘에 비비며 응시하는

너의 눈이 밝다

문득, 사과꽃의 은은한 종소리가 들린다

유유히 떠가는 뭉게구름

악마를 위한 예배송

자줏빛 제복을 입고
옥상의 십자가를 부수고
별들의 묘지를 지나 자욱한
깃발을 밟으시어
아버지여, 불그스레한 지상입니다
핏빛 땅, 흐르는 핏강입니다
상점과 지하철역에는 사람들의 발이
잘려 있어 껄끄러운 쇳조각이 숨을 긁고
잘린 목으로 우는 지하에는
태양이 숨겨 있습니다
씹고 긁어 살을 뜯는 지상입니다
아버지여,
더 이상 공간을 향해 울리지 않는
破裂의 땅입니다 새빛으로 오소서!
옥상의 십자가를 꺾고
태양의 무덤을 지나 자욱한
깃발을 밟으시어 아버지여!
피꽃이 피었습니다
핏빛 땅, 핏강이 출렁이고 있습니다

악마를 위한 예배송

어제는
뼈다귀해장국을 먹었습니다
죽은 아이의 눈알이 둥둥 떠 있는
국물에 밥을 말아먹으며
다시는 이곳으로
노래가 들려오지 않을 것이라는
생각이 들었습니다
이땅 이곳 저곳 아파 우는
가슴이 달아오르고
유리에 베인 잠의 심장에는
재들이 수북하게 쌓여 있는
까닭입니다
숨이 차 헐겁기 그지없는
말소리가 들려옵니다
십자가가 소리를 내다
땅 위로 부서지고
사람들은 이름을 찢으며
메마른 입술을 濁流에 댑니다
가을의 바람에 깎여 갑니다

운명은 이렇게 끝나가고 있다 1

그는 벽에 등을 기대고 얇은
꽃잎들을 만진다, 넋이 나간 채 방금
빠져나간 바람의 꽁무니를 하염없이
바라본다, 희미하게 종이 한 장이
갈라지며 펄럭거린다, 침대에
물려 있는 수건, 느린 시곗바늘
옷깃을 늘어뜨린 시간을 본다,
간지러운 발을 모으고 자욱한
꽃잎의 냄새를 만진다, 그가
벽에 기댄 채 스르르르
미끄러졌다, 움트는 등뼈의 계단 위에는
흙조차 묻어 있지 않았다,
흐물거리는 해변이었다,
방어 굽는 비릿한 냄새가 홀쭉한
가방 속에서 스며 나올 때
밤이 창문을 두드리다 지나갔다
거울이, 그의 오그라들어 있는
사타구니의 털을 가늘게 비췄다

운명은 이렇게 끝나가고 있다 5

암호다, 칭얼거리는 날개다
세상의 문은 내부로만 열려 있다
불안의 어귀에서 침묵이 덜컹거린다
사진첩 속의 철새가
말라 스러진 시간 속으로 사라진다
결코 흩어지지 않는 얼음이
수의를 입고 入口에서 서성거린다
나무가 서로를 배척하며 서 있다

수많은 문의 내부에 날개가 꺾여 있다

북두별로의 송신

상처, 1998년 상처, 9월
아낌없이 사랑하던 남녀가 상처,
도로 위에 손을 맞잡고 누워 있습니다, 나뭇가지가
검게 반짝이고 상처, 쥐가 쓰레기봉투를
갉아대고 있습니다, 바람이
공포를 찍어내고 있습니다, 나무가
이름을 찢어 상처, 남녀의 창백한 얼굴에 던집니다.
비가 퍼붓고 있습니다. 머리카락을 곤추
세우고, 상처, 비에 불빛이 잘립니다
상처, 남녀의 젖은 살갗이 부풀어오릅니다,
납작한 소름에 이를 부딪치고, 뱃속의 아이가
구부러진 손으로 혈맥을 움켜쥡니다 상처,
길바닥의 얇은 금으로 상처, 눈물이 스며듭니다
상처, 젖은 불빛이 달려옵니다 상처, 물을 튕기며
달려옵니다
오, 진물 속에서 상처, 무성한 빗물로 흐르는
눈물의 나라, 그 눈물의 나라
공포 속에서 상처, 흐르는 사랑을 잡아당깁니다
트럭이 상처, 그 위를 지나갑니다

하늘로 가는 단칸방

방이 있다 그 방은 물에 젖어
시간에 떠 있다

늙은 어머니가 중풍으로 누워
수족을 움직이지 못하고
삼십을 넘게 건사해 온 장애 아들은
못에 노끈을 매고 있다

말 못하는 어머니, 사지를 뒤틀며
의자 위에 선 아들을 올려다본다

툭! 의자가 굴러가고
노끈에 목을 맨 아들이 컥컥거릴 때

그 온몸으로 쥐어짠 눈물의 힘으로
단칸방 하늘로 올라간다

잠의 뭉게구름

배가 가네, 눈물의 빛을 깎는
우툴두툴한 책갈피의 강, 그 너머, 아이가 우네
검은 물감을 뿜으며 덜컹거리네
얼음이 박힌 몸을 창에 뻗으며
여름을 노래하네, 청어의 지느러미를 상상하네
움켜쥔 볼펜으로 뻣뻣한 책을 두드리다
올가미 속에 다시 갇히네, 배가 가네
빛을 깎는 글자의 협곡을 지나
노래의 노란 음표 너머, 그 너머, 눈물의 강
아이가 책상에 엎드려 축축한 종이를
발굽으로 태우네 한 그루 나무를 그리며
나무에 붙은 벌레를 볼펜으로 으깨네
검은 물감이 책상에 번지네, 책의 능선을
메스껍게 물들이며 생선 썩는 냄새를 풍기는
의자에서 일어나 구름 낀 방문을 여네
언제나 숨막혔다네 발굽은 자라지 않아
작은 글자조차 씹지 못하고 학교에서는
분필을 비벼 먹기도 했었다네
계단에 오르네, 서랍의 울음이 가늘게 들려오고
배가 지나가며 깎는 눈물의 소름이 납작하게

번질 때 달걀의 볼록한 궁둥이를 지우며
별의 산발한 사금파리, 옥상에 섰네
옥죄인 올가미를 푸네, 사슬처럼 잠을 재우던
게걸스러운 책상을 벗네,

검은 노래의 학교

비가 새는 교실
등이 굽은 아이, 비에 젖은 채
숨을 불어 오그라든 간을 펴려 하네
입속에 바람을 잔뜩 넣고 바둥바둥거리네

교실 한 모서리에서
금지된 노래를 부르는 아이들 모여
은사시나무 가지를 꺾어
등이 굽은 아이의 등을 찌르네
비는 새고 책 속의 문장들이 비에 젖는데
아이들 모여
창백한 아이의 통치자가 되네

통치자가 된 아이들
신이 나서
아이의 동공을 노려보다
얇은 유리로 아이의 살갗을 베어내네
물에, 책이 젖네

식민지가 되어버린 아이

얇은 유리에 베이네
선홍빛 피가 뚝뚝, 책속에 스며들어
젖은 절규가 될 때
비가 새는 책상 사이로
검은 학교의 노래 들리네

물에, 책이 젖네

아이들이 부르는 노래

아버지의 입에서는 구린내가 나지
말의 상자 속에는 하얀 알들이 고물거리고
상자의 상자 속에는 악어의 이빨
가는귀가 먹었는지 칼을 꽃이라 하고
개코같은 코로도 자기의 입내는 맡지 못하지
아버지 사랑은 소녀의 음부
보슬보슬한 털 속에서 쩝쩝 깨어나
내게는 다리를 모으라고 가르친다네

윤주 1

후미진 집에 갇혀 너는 운다
자물쇠가 잠긴 폐농가, 마당의 수풀은 우거져
지옥의 원귀처럼 저녁마다 울어대고
폐병을 앓는 우물에는 장구벌레가 알을 까고 있다
그 버려진 유폐의 공간에 트럭의 시동을 끄고 돌아오는
사내의 발자국 소리 너는 젖은 수건으로 눈물을
닦으며 일어선다 비 한 방울 내리지 않았다
발톱에는 밥알이 눌어붙어 있었다
분홍의 재가 날리는 밤, 이불을 뒤척이던 사내가,
산책처럼 네 봉긋한 가슴을 만지다
너는 아픈 성기를 쓸며 울음을 삼킨다
거미들이 내려온다, 줄이란 줄은 모두 뽑으며
네 몸 위를 기어다닌다

윤주 2

옷에 바람이 빠지고 있다
어슴푸레한 촉수를 깜박이며
아직은 핼쑥한 하체가 이를 부딪치며
옷 속을 빠져 나오고 있다
납작한 소름이 부어오르고 있다
구부러진 발톱 모양으로 너는 누워 있다
가랑이를 모으고 너를 내려다보는
남자가 씨근거리는 네 궁둥이의 흉터를 흘낏 훔치다
거울 속에 비치는 네 고르지 못한 陰毛를 본다
남자가 거울에서 돌아선다 복부에서
물이 한숨을 쉬다 너를 굽이치고 있다
너는 집이 없다 네 밥그릇에는 불그레한 쇳물과
멍한 피가 고여 있다 네 복부에는
녹이 슬거나 말라비틀어진 잠과 오목한
네 꿈의 쭈그린 잔등이 있을 뿐

너는 듣고 있다 네 책가방 속의 딸그락거리던
연필과 갈아엎던 비닐하우스
그리고, 사나운 매와 여관의 끔찍한 방문들
송골송골한 네 가랑이를 벌리고

네 어린 섬을 불그스레 찢는 궁둥이가 부풀고 있다
네 품 속 촛불을 핥던 정교하고 촉촉하던 아가미가
떠듬거리고 있다 앰뷸런스의 사이렌 소리가
네 옆을 지나간다 남자가 숨을 차며 부화한다
네 살과 피를 뜯으며 느린 입김으로 가라앉는다

중랑천에서 고기잡이

구름의 갈피에서 스며 나오는 울적한 물방울이 있고
수상한 권태로 몸이 불룩해질 때 낚싯대를 메고 중랑천에 가자
훈향 그득한 腐植土를 지나 과꽃 핀 동부간선도로 아래
흑갈색 물 겹겹이 흐르는 중랑천에 가자
그곳은 이따금, 얼빠진 고니가 찾아와 몸 속에 남아 있던 힘을 모아
밥알을 찾고 사철 붉가시나무가 겸허하게 말라 있는 곳
깊은 질식이 있는 곳 그쯤에, 조용히 자리를 잡고
짙푸른 낚싯대를 던지자 그리고, 허기진 물고기가
굽은 등을 오므적거리며 다가올 때면 숨을 죽인 채
기름빛 물을 바라보자 우리, 세상 소모의 구석에 누군가의 먹이가 되고
누군가를 먹이 삼아 잔인하게 삼켜버렸으니
물고기도 개의 먹이가 될 뿐 마침내, 창백한 흙으로 돌아갈 뿐이니
가끔씩, 구름의 갈피에서 울적한 물방울이 흘러나오고
눅눅한 유희 때문에 몸이 무지룩할 때면 낚싯대를 둘러메고 중랑천에 가자
과꽃 핀 동부간선도로를 타박타박 걸어 겹겹의 진흙 속으로 가자

그리운, 북청*

북청에 가고 싶다
저녁이 들어 한 어린이가 마당 끝에 나와 끝없이 울고
별이 저절로 눈물 뚝뚝 흘리는 머나먼 북청에 가고 싶다
가서, 밥그릇에 뒹구는 녹슨 수저들이 내 것이 아니었음과
뇌만 부질없이 큰 아이가 내 아이가 아니었음에 안도의 숨을, 쉬
리라
해가 뜨리라, 시간 속의 얼룩도 이파리를 피우고
허기진 잠을 잔 사람들이 퀭한 눈을 뜨리라
소멸의 땅 북청에 가고 싶다
해어진 치맛자락으로 여인이 아이를 감싼 채
담장 옆에 앉아 있는 가뭄과 홍수의 대지 겹겹 상처의 대지 북청
에 가고 싶다
가서, 그 눈부신 상처들이 던져주는 은밀한 희망과 밥그릇에
그득하게 모여 있던 밥알들이 얼마나 낭랑한 위안이었는가를
깨닫고 싶다, 상처도 결국 스스로의 것이라는 황폐한 자립과 버
려진
그들은 그들의 것일 뿐이라는 냉랭한 인간의 입김을 배우고 싶다

---

* 이미 발표된 「그리운 르완다」의 패러디

___
제4시집

소금의 포도
立夏附近
천국의 해변
무화과나무 그늘 아래
밤은 무엇으로 사는가?
카프카와 만나는 잠의 노래
동대문 광인
시간의 육체에는 벌레가 산다
정육점
호랑이
미라

박주택 시선집

판에 박힌 그림

입을 열지 않아 어금니가 아픈 하루
다시는 가지 말자던 술집에 앉아 기우는 저녁해를 바라본다
저 해의 상형문자, 저곳에는 어떤 망령의 책들이 있길래
기다림의 문장들이 실명한 채 바람에 나부낄까
얼룩진 의자 위로 먼지가 귀순을 꿈꾸며 부유하고 있다
먼지에는 울음소리가 박혀 있다

다시 태어나리라는 그 모든 것들은
이제, 남은 생애를 저 저녁의 남은 빛에 맡기리라
바람을 읽으며 누군가는 잘못 씌어진 기록에
세상과 맞서 싸운 길 위에서 어이없는 웃음을 지을 것이며
또 누군가는 잠이 들다 깨어
스스로 독이 되는 긴 편지를 쓰리라

해가 진다, 진다 저녁해야, 바람이 부냐
너 지는 곳, 붉은 핏물로 하늘을 곱게 물들이며
운명을 하나씩 네 속에 가두고 이별을 피워 올리는 곳
네가 길이라고 타이른 수많은 기다림이 좀이 슨 채 울음을 터뜨린다
창에 수의가 어른거린다

그것이 우리가 만나는 사랑의 모습이다

봄비

비가 내리는 병원, 산모는
아이를 삼베옷으로 감싸고 복도를 걸어간다
목함 통성냥 성냥들이 펼쳐지지 않은 책처럼 빼곡히
꽂혀 있는 茶卓에는 마른기침이, 먼지들을
창밖으로 내모는 바람에는 숨이, 길게 이어졌다 끊어졌다

비가 내리는 꽃밭

꽃잎이 비에 젖어 씻겨 지하로 내려가고 있었다
바람에는 소름이 무더기로 돋고
높은 곳에서는 까치집이 항문을 벌리고 있었다
그 아래 산모, 젖은 꽃잎을 밟으며 나무 지나
의자 지나 꽃밭으로 간다

──하얀 강

봄밤

저녁에 떠나는 물고기는 온몸으로
바다를 밀며 간다, 제 지나는 곳의 무늬를 남기며
남겨진 것들대로의 잔잔한 망각을 두고
꿈꾸듯 그러나 아름다운 정원의 나라의 꽃핀 가지를 향해
구르는 열매처럼 단단해져가지고 제 몸에 비린내가 더
물속 멀리 퍼질 때까지 후회와 두려움 사이를
충동과 포말 사이를 이별의 이름도 없이
나의 것이어서 돌아갈 수 없는 많은 것들을 두고
어둠과 정적, 별의 발자국 사이를 간다
불쑥 솟아오른 달이 아무 일도 없음을 깨우쳐
바다를 훤히 밝히고 그리고 문득 어떤 사이가
남겨진 곳의 무늬를 만들어 헤엄쳐 가는 것이
서러워지도록 만들 때 바다는 저리도 깊고
아름다운 정원의 나라도 저리도록 멀어서
바다는 쉼 없이 제 몸의 주름을 만들어
그 속에 달빛을 흩뿌려놓는다

연못

아니다, 손을 뻗으면 금세 부서질 듯한 바람에
오후의 연못에, 끈적거리는 여름의 땀에 그늘의 午睡에
격정의 날들이 미친 듯이 들러붙고 오후의 연못 가운데에는
저 혼자로도 두근거리는 꽃이 흘깃 흰구름을 쳐다본다
그렇다, 이렇게 말하리라 정처 없이 헤매다 둥지를 튼 것은
눈 뜬 공포 속이었으며 다른 사람의 잔혹한
말의 틈이었으며 버거운 운명의 방이었다고, 무릇 무르익는
모든 것에서 배운 것은 환멸과 허무뿐이어서 어떤 생이든
잘못을 읽을 수 없었다고
여름이 가고 또 봄이 와서 창문이 울려 퍼지고
길이 되지 못한 것들은 서로에게 모여 서로의
기원을 찾아갈 수도 있을 것이다, 연못 둘레에
꽃이 연못 가운데의 꽃을 지켜보고 있는 것을 본다
침묵 속으로 들어가 서로의 살아 있음을 노래하며
가슴에 고인 천둥의 격정을 평화의 얼굴로 바꾸는
저 의연한 안간힘을 무어라고 부르랴
환멸의 거리 흰구름 아래 저 연못들을!

겨울 저녁의 시

사위가 고요한 겨울 저녁 창 틈으로 스미는
빙판을 지나온 바람을 받으며, 어느 산골쯤
차가운 달빛 아래에서 밤을 견딜 나무들을 떠올렸다
기억에도 집이 있으리라, 내가 나로부터 가장 멀듯이
혹은 내가 나로부터 가장 가깝듯이 그 윙윙거리는
나무들처럼 그리움이 시작되는 곳에서 나에 대한 나의 사랑도
추위에 떠는 것들이었으리라, 보잘것없이 깜박거리는
움푹 패인 눈으로 잿빛으로 물들인 밤에는 쓸쓸한 거리의
뒷골목에서 운명을 잡아줄 것 같은 불빛에 잠시 젖어
있기도 했을 것이라네, 그러나 그렇게 믿는 것들은
제게도 뜻이 있어 희미하게 다시 사라져가고
청춘의 우듬지를 흔드는 슬픈 잠 속에서는
서로에게 돌아가지 않는 사랑 때문에
밤새도록 창문도 덜컹거리고 있으리라

능선

여관 平床에 앉아
저녁 능선 본다, 산 위 하늘은 희푸르고
교회의 십자가는 붉은 빛을 돋운다
어둠 속으로 나방들 흘러든다

깊은 종소리를 내는 능선, 둥글게
마을에 퍼지다 어스름한 빛과 섞여 밭을 에워싼다

이윽고, 넓은 자루처럼 생긴 적막이 가라앉자
달이 솟아오르고 그 틈에 꽃잎이 떨어졌으므로
앞이 갑자기 환해졌다, 그리고 달이 부풀어오를 때
밤의 한가운데로 걸어 들어간다

달은 스스로 뿌려놓은 음성들로
나무를 향하여 손을 뻗는다, 적막이
모란이며 길이며 지붕의 주름 따위를
몸서리치게 바라본다, 능선 위
더위의 골수를 헤치며 새들 산을 넘어간다

하여, 시간의 털에 밴 비린내에 숨이 찬

외로움이 제 음성으로 꽃잎을 끌어들이려 하지만
영문도 모르는 텅 빈 몸만이 말없이 능선을
바라보고 있다

과수원

　애인아, 남겨진 기억을 모아 전철을 타고 강남역에 내려 5번 출구로 나오렴 그러면 새로 들어선 외환은행 빌딩이 있고 뉴욕제과가 있지 그 뒤 샛길로 걸어나오면 기억하겠지, 드높게 갠 하늘 아래 온갖 들꽃이 피고 과수원이 언덕에 비스듬히 누워 흰구름을 읽는 곳

　너 떠난 후 술집이 들어서고 호텔과 PC방까지 들어섰지만 네가 세상에 버림받았다는 느낌이 들 땐 미루나무 아래 냇물의 물풀 사이를 오가는 稚魚를 따라 박 넝쿨과 호박넝쿨이 우거진 마을의 집들 사이를 걸어오렴 혹 다하지 못한 슬픔이 있다면 벼가 팬 들판에 서서 이마에 밴 땀을 닦고는 소금쟁이의 노래에 잠시 귀라도 열어두렴

　변해서 밀려나간 것들이 소리 지르는 격정이 들리느냐, 다들 자기 목숨이 있어 저토록 물컹한 절망을 밖으로 발라내고 변한 것들은 내 엽서 속의 멍든 글씨마냥 정신이 흐려지는 것을 경계한다 애인아, 네 갈피를 붙들고 너를 그곳에 머물게 하는 네 설렘의 흔적은 알지 못한다 그러나 네가 떠난 후 내게 남겨진 저 새로 생겨난 불빛들은 과수원을 건너 들판을 건너 내 방의 창 틈까지 스민다 밤이면 번지던 개울물 소리도 덩달아 들떠 네 떠도는 사랑처럼 뒤척거린다

애인아, 너 있는 자리 향기 가신 그 자리 혹 슬픔은 슬픔대로 부글거릴라치면 평상에 앉아 깎아 먹던 과수원의 사과와 마당에 하늘거리던 봄날의 채송화를 기억하렴 네 뿌리가 되어주던 뒷산의 자작나무 숲에서 네 온다는 기별을 알리면 나 개켜놓은 와이셔츠를 다려 입고 마을 입구 느티나무 지나 들꽃 사이 자전거를 타고 너 맞으러 가리라

占집 앞에서

바로 저기, 골목은 오래도록 천식을 앓고
바람이 익어가는 감나무 그늘 아래 手話, 잡초, 그리고
담 벽을 타고 오르는 담쟁이덩굴, 너의 조그만 창문도
너의 것에 힘입어 밖을 향해 열렸으리라, 다시 한 번
두 시의 불탄 소리 속에서 겁먹은 운명은
귀먹은 듯이 울먹인다, 나를 부르지 마라
한때 무화과나무 꽃 필 때, 나의 집 문은 빛나고
황금빛처럼 구김살 없는 여기, 그곳의, 나는
너의 눈물을 입술로 핥을 수도 있었다
저곳에 씌어진 우리 생의 手記는 얼마 동안이나
펼쳐지기를 기다렸다는 말인가?
날개들이 흘러들고, 젖을 먹인 적이 없는
날개들은 너와 내가 약속한 옛날의, 처음의, 갸륵한
눈빛이다, 용서해라, 더 많은 것이 온순해지기 전
깃발이 꽂혀 있는 저 문을 열고
이별의 한가운데로 흘러가는
운명의 얇은 눈매들을──

가로등

가로등도 빛이었던 시절이 있었다
골목 어귀 비 뿌리는 전봇대 밑이거나
눈보라 흩어지는 마을의 입구 어둠을 한사코 밀어내며
자신의 몸으로 燈이 되던 시절이 있었다
더디고 하찮은 것들은 모두 지나가고 소란스럽고
번쩍거리는 것만이 마음에 燈이 되는 때
滿月처럼 그렇게 은은함도 그리워지는 법이다
종루에서 종소리가 울려 퍼지면
골목의 개들도 두발을 모은 채 귀를 내리고
風齒를 앓는 마을도 강처럼 고요하던 때
두근거림은 영화 포스터만큼 상큼했었다
벚꽃 피는 날, 환한 날 사랑이 어떻게 갔는지
편의점 불빛은 반짝이고 저 멀리
오래 달려온 길처럼 쭈그러진 가로등
제 몸속을 비추고 있다

교회 앞 사철나무

사철나무, 깨진 화분에 먼지 자욱이 쌓인 채
카페 테라스에 죽 둘러 서 있다 유리창 밖까지
노래가 스미는지 가끔씩 몸을 흔들어댄다
저녁의 평온은 꽃 필 나무, 가지에서 내려와 어느덧
몸에 이르고 부드러운 인기척들이
油彩畵 아래에서, 서로를 응시하는 시선을 들 때
사철나무, 일렬로 늘어서서 스스로의 길로 걸어 돌아가는
사람의 삐걱거리는 편지를 읽는다

어둠이 아직 손 닿지 않는 곳에서 잎을 피운다
바로 앞 교회가 근처 골목길에 우뚝 서서 노란 가로등
불빛을 모을 때 告解의 죄끼리 섞여
더 많은 죄를 낳다 그중 어떤 죄가 교회를 막
빠져나와 사철나무 잎까지 이를 때
탁자 위의 불꽃은 까닭 없이 사운대고
노래는 추억의 부장품을 꺼내 보인다

일렬로 늘어서서 스스로의 길로 걸어 돌아가는
사람의 삐걱거리는 편지를 읽다 사철나무,
불빛을 향해 길게 뻗은 길을

힐끔 바라다보며 제 몸에서 울려나오는 노래에
부르르 먼지를 털어본다

소금의 포도

가자, 달의 소름이 돋아 있는 거울
옷이 미끄러져 내리는 소리를 내고 기억의 젖은 울음이
엉겨 있는 곳, 바람과 싸우던 구름이
침몰하고 있는 별의 아가리에 숨을 불어넣는
저 죄의 시간 속으로

관절이 꺾인 구름 바람과 싸운다
거리에는 열매가 썩어 기억을 지배한다
시간은 망각을 가르치고 망각은 평안을 가르쳤다

육체를 감싸는 위대한 스승들을 보라
한결같이 혓바닥을 말며 죄의 시간 속에서
덜그럭거리고 있는 창고와 만나
저주 받은 먼지로 씌어진 책들을 읽는다

소금의, 손 닿지 않는 곳에서
눈보라가 거쳐간 거리에 꽃잎이, 흩날린다
땅이 깊은 밤을 폐허에게 빼앗기고
분노를 참은 나무가 제 집으로 돌아가지 못한
달빛 옆에서 잠을 잔다

제단 너머, 죄의 시간 속에서 한풍을 배경으로
단련했으므로 구름은 겸허한 고요 속에 있고
자신을 오랫동안 들여다본 꽃 핀 사람은
우물의 물을 퍼서 자신의 뿌리로 가져간다
―낮고도 오래 떠 있는 太陽 아래서

立夏附近

내가 걷는 이 거리는 누군가 마지막으로
떠올린 거리일지 모르고 내 옆을 스치는 저
볼품 없는 여자는 누군가의 첫사랑인지 모른다
나의 기쁨이 된 많은 것들은 그 불행의 씨앗으로
내게로 와 기쁨이 되었지만 나의 망각은 고요하고
둔한 것이어서 이토록 가로질러 가는 것이었다
햄과 참치캔과 달걀들이여, 두부와 문과 낮은 것들이여
내 뿌리치지 못하는 고향의 어느 풍경,
어느 그리움을 나는 배부름과 바꿔버리고
바닥으로부터 딱딱해진 불안의 곁에서 나는,
평화와 흰구름과 희생의 몫으로 흘러내리는
저 한없는 애원의 소리를 듣지 못했다
누가 행복할 것인가? 어디에서 영원을 떠받들던
눈동자를 내려 멸종을 슬퍼하며
어디쯤에서 저 불행의 씨앗들에게 바치는
노역의 시련을 허락할 것인가?
바람은 불고 아름다움을 바쳐 키운
세상의 입들과 귀는 저 빛나는 햇살을 받아들여
눈이 부신데 나는 내가 뜯어먹다 버린 앙상한
뼈다귀 사이를 후회도 없이 걷는다

천국의 해변

내가 나를 떠나는 것처럼
건물들이 새로 들어서고 가게들이 수없이 간판을
새로 다는 것을 지켜보았다, 그러는 동안
나뭇가지에 걸린 포댓자루는 밤낮을 견디며 영생을 모방하고
타일이 떨어진 벽에는 노릇한 잎이 돋곤 하였다
자작나무처럼 흐르는 물이 희미하게 입술을 열 때
주유소 앞 사거리에는 바다사자가 솟아오르다 사라졌다
눈이 내리는 적막 속에서, 열매가 떨어지는 소리의
깊은 구름 속에서 세상은 흘러가고 수평선은
바람을 흩어놓는다, 정처 없음의 치킨집이여
港口의 그림이 걸려 있는 중국집 양파여
이 동네에 들어 침묵을 배우며 싸움의 기술을 익혔다
벽 콘크리트를 씹어 먹으며 근성을 키우고 작별하지 않는
체위를 익혔다 낙엽이 지고 비가 내리는 곳에 내가 있고
해당화가 곱게 피어 해변을 펼쳐 보이는데
배는, 천국으로 향해 가는 배는 수평선 멀리
흰구름 아래 떠간다

무화과나무 그늘 아래

아가! 그것은 내게 어머니가 붙여준 이름이다
추석 전날, 술집에 앉아 허리가 구부정한 노파가
장미 꽃송이를 들고 길 가는 사람들 앞에 서성이는 것을
내려다본다, 그 노파는 어머니의 허리를 닮았다
저녁은 금빛이었다, 술잔은 핼쑥했다
갈 곳이 없었으므로 이상하게도 추석이 아닌데도
사람이 없었으므로 술집의 유리창이 노랬다
노래가 흘러나오고 의자의 반대편 쪽에서
팝콘 냄새가 났다, 노파가 장미꽃을 들고
저쪽 거리에서 이쪽 거리를 오간다, 마침내
노래가 몸을 뒤척일 때 뒷자리에서 추석은 꼭
있어야 하느냐는 말이 들려왔다

아가! 그것은 어머니가 나를 부르던 이름이었다
나는 근시였으므로, 바람에는 거울 속을 빠져나온 머리카락이
흩날리고 있었다, 그러나 밤은 다가오고 박물관의
곤충처럼 때때로 사람들이 길거리에 서 있어서
비명이 새어 나오는 것 같았다
저 거리에 바쳐진 저 사람들의 비명, 저 노파의 생애에 바쳐진
저 꽃의 비명, 무화과나무 그늘 아래

어머니가 내 손을 잡고 걸어오시고
그 옆에 아버지가 자전거의 페달을 밟을 때
동산 위에 보름달은 천천히 떠오르고
바람은 고요히 울려 퍼지고

밤은 무엇으로 사는가?

적의에 찬 흉터—비책 없는 외침
바다를 보러 가서 바다는 보지 못하고
솟아오른 것에 대한 아련함을 알았는지
달이 궁둥이를 까고 있다—밤에 태어나는 것들

그렇게 생각했었다, 이 떠남은 憂愁를 잊기 위함이며
집으로 돌아오기 위함이라는 것, 그런데
눈보라는 흩어지고
집들이 정면으로 바람을 받고 있을 때
나무가 한쪽으로 심하게 휘어져갔다

제부도의, 그 갈라진 길을 막는 문의,
섬의, 그 환하게만 보이는 먼, 불빛들을 바라보며
겁에 질린 눈보라는 흩어져가고
닳아빠진 바퀴가 외침만큼 소란한 전광판 아래
불 꺼진 교회처럼 서 있을 때
箴言을 읽으려고 애쓰는 외투, 달
울림, 혹은 憂愁를 구하려는 횟집—밤에 태어나
새로이 불타오르는,

사강의 돌아 나오는 덥수룩한 길 위에서
흩어지고, 솟아오르고, 휘어지고
불타오른—뜨거운 이마 위로
멍멍하게 懷妊의 등불들이
밀물처럼 스쳐 지나갔다—나의 것도 바람의 것도 아닌

카프카와 만나는 잠의 노래

그 무렵 잠에서 나 배웠네
기적이 일어나기에는 너무 게을렀고 복록을 찾기엔
너무 함부로 살았다는 것을, 잠의 해안에 배 한 척
슬그머니 풀려나 때때로 부두를 드나들 때에
쓸쓸한 노래들이 한적하게 귀를 적시기도 했었지만
내게 病은 높은 것 때문이 아니라 언제나 낮은 것 때문이었다네
유리창에 나무 그림자가 물들고 노을이 쓰르라미 소리로
삶을 열고자 할 때 물이 붙잡혀 있는 것을 보네
새들이 지저귀어 나무 전체가 소리를 내고
덮거나 씻어내려 하는 것들이 못 본 척 지나갈 때
어느 한 고개에 와 있다는 생각을 하네
나 다시 잠에 드네, 잠의 벌판에는 말이 있고
나는 말의 등에 올라타 쏜살같이 초원을 달리네
전율을 가르며 갈기털이 다 빠져나가도록
폐와 팔다리가 모두 떨어져나가
마침내 말도 없고 나도 없어져 정적만 남을 때까지

동대문 광인

광인, 興仁之門 옆을 아랑곳없이 무단횡단하고 있다
빵 한조각 우적거리며 경적 속에서도 무심히 앞을 바라보며
천천히 발걸음을 옮기고 있다
검게 무장한 채 나무 사이를 거닐 듯
걸음을 떼며 경건하게 지나간다

햇빛이 옹위하듯
그를 둘러싸고 있다

순간, 차들은 앞으로 달려가야만 하는 제 본분을
잠시 잊어버린 채 성당에 들어선 것처럼 멈칫거리고
바퀴는 바퀴대로 둥글게 눈을 굴리며 의아해한다
그리고, 호수 위의 고니처럼 그가 도로를 막 건너갔을 즈음
城門에서는 옛사람들이 뒷짐을 지고는
천천히, ……햇볕 속으로 걸어나오고 있었다

시간의 육체에는 벌레가 산다

트럭 행상에게 오징어 10마리를 사서
내장을 빼내 다듬었다. 빼낸 내장을 복도의 쓰레기 봉투에
담아 한켠에 치워 두었다. 이튿날 여름빛이
침묵하는 봉투 속으로 들어가 핏기 없는 육체와 섞이는 동안
오징어 내장들은 냄새로 항거하고 있었다
그리고는 장마가 져 나는 지붕 위에 망각을 내리지 못하고
가까운 곳에서 들려오는 헛된 녹음에 방문을 걸고 있을 때
살 썩는 냄새만이 문틈을 타고 스며들고 있었다
복도에는 고약한 냄새만이 가득 차 있었다
나는 방 안 가득 풍겨오는 냄새를 맡으며 냄새에도 어떤 갈피가
있을 것이라는 생각, 더 정확히는 더러운 쓰레기를 힘겹게 내다
버려야 할 것이라는 생각과 싸우고 있었다

비로소 나는 복도의 문을 열었다
비가 멎고, 싸우고 난 뒤의 불안한 평온이
사방에 퍼져 있었다. 공기가 젖은 어깨를 말리고 있었다
발자국에 곰팡이가 피어오르고 있었다
그리고 막 열쇠로 문을 잠그고 돌아설 때쯤
핏기 없는 냄새가 심장까지 파고들었다
무덤에서 냄새의 뿌리로 태어난 수많은 구더기들이

시간의 육체 속으로 흩어져 갔다

정육점

완벽한 육체를 이루었던 소는 칼에 찢겨
피에 젖은 갈고리에 걸려 있다, 가끔씩 날파리들이
핏물을 빨다 냉동고 위로 날아가버리면
몸에서 쫓겨 나간 영혼만이 갈고리 주위를 맴돈다
바닥에 핏물을 떨어뜨리는 기억의 몸뚱이
마치 남은 말이라도 쥐어짜듯이 팽팽한 얼룩들을
바닥에 떨어뜨리며 거푸 숨을 몰아 내쉬며
한 방울의 핏빛 눈물을 짜낸다
진열대 속 자동 분쇄기에 가지런히 썰려 있는
살점들, 한 그루 시간의 붉은 잎사귀처럼 서로 몸을
포갠 채 지독한 적막 속에 끼어들 때
일생을 캐묻듯이 유리의 깃털들이 펄럭인다
게으른 책임을 두 눈 속에 퍼부었을 소
그러나 이제, 시간에게 상속받은 것이 얼룩뿐이라는듯
붉은 燈을 바닥에 하나 둘씩 켜놓는다

호랑이

천막을 받치던 기둥만 없었다면
성산포를 유람하던 배에서 요동치는 파도에
휩쓸렸을지 모른다, 폭풍이 막된 욕을
쓰라리게 쏟아 붓던 여름날, 갑판 위에서 희끄무레한
하늘을 보고 있는데 어디선가 꺼르릉, 울음소리가 들렸다

장례식장의 향 냄새, 누가 먹다 남은 고춧가루가 묻은 전
그리고 둥둥 기름 뜬 육개장 국물을 떠먹을 때처럼
비천은 끔찍하다, 밤이 길고 끝없는 머리카락을 휘날리며
나무에 감기는 것을 본다, 밤 속에 밤이 있고
밤의 딸이 있고 밤의 무덤이 있다, 더 멀리
잠시 침묵이 흐르자 밤이 다 자신 속으로 들어가
나오지 않았다

병원과 도로 사이 그 한복판으로 호랑이 한 마리
털을 세우고 걸어오고 있다, 푸른 산맥을 굽이쳐놓은
가로줄 무늬의 등을 굽혔다 폈다 하며 황금 눈을
이글이글 지핀 채 생목림에서 막 나온 듯
송곳니를 세우고는 쩌렁쩌렁 골목을 흔들고 있다

미라

경기도 양주군 광사리 해평 윤씨
선산 도로 확장 공사에서 키 102cm, 성기와 치아, 혀, 손,
발톱, 땋은 머리까지 완벽하게 남아 있는 17세기 중엽
남자 어린아이의 미라가 국내에서 처음으로
完形으로 발견되었다는 신문의 사진을 오린다
서울시 서초구 서초동 제일생명 뒤
카페 루브르에 앉아 마치 여름 벌레처럼 보이는 진눈깨비 몇이
유리창에 붙어 물로 반짝이고 몇은 유리에 어룽거리다
시선 밖으로 사라지는 것을 본다

불꽃은 흩어지지 않으려 자신의 몸속에
추억을 간직한다, 시간은 몸과 더불어 움이 트고
구두는 피어오르는 김에 다녔던 길을 섞는다
키를 세우는 카페 루브르의 그림들, 가벼운 것들을
애써 붙잡는 싸락눈들, 미라는 졸음을 깨우며 생명을
육체 안에 담아 어두운 땅속에서 이빨로 깨물고
性器로는 자꾸만 도망치는 꽃잎을 좇는다
갇혀 공간을 밀어내는 팔과 다리
물이 찬 목관에서 天空을 향해 내민 코와 혀
새가 바람을 받아 날아오르듯
죽음을 밀어내며 기를 쓰고 인기척을 내는 몸짓들

전당포

전당포—기갈의 백과사전, 구름의 극장
철문이 닫히고 달력이 그림자를 늘어뜨리고 있다
훅, 향 타는 냄새가 풍긴다, 고요한 장님이다
으스스 이가 시리지만 않았다면 왜 모란이라고
부르지 않았겠는가? 의자가 대합실의 시간표처럼
읽히기를 기다린다, 흰손은 말이 없고
달력의 동공이 부릅뜬 철문을 향해 열려 있다
파리한 구름이 방어 없이 잔뿌리를 내린다
그렇다면, 장례를 치르고 있단 말인가?
바람이 헐겁게 불어와 바로 저기, 향 냄새를 흩어놓는다

우리 생의 극장도 저렇게 흘러가리라

바람을 건너는 법

시종 바람이 물결쳐 오고
귀가 떫은 밖이 몸 둘 바를 몰라할 때
마음으로 깊이 들어가 비 내리는 새벽에 머물자, 어둠이
유리창에 흘러내리는 날, 공허한 불빛은 시작의
노래에 헛배가 불러 어둠에 단맛이 있다는 것을 알지 못하지

자정 너머, 이슥한 밤이 자신을 들여다보며 편지를 쓸 때
안에 깃들어 있던 것들이 미적미적 깨어나 새벽 비에 몸을
맡긴다, 사과 꽃잎이 흩날리는 마음의 방
水仙의 그림자가 곰곰이 번지고 어둠에 보태는
자신의 마음을 밝히는 霧笛 소리에 귀 기울이면

길의 한가운데가 건너온다, 안으로 어둠이 청하는 악수에
부슬부슬 파초 잎은 푸르러 쓸쓸한 목숨에 잇대고
물의 싹트는 소리는 강둑에 서서,
단맛 든 어둠을 빨아먹으며 벼른다

새벽의 고운 비는 내리고 안이 궁금한 밖이 허리를 곧추세워
마음을 들여다보는 동안
빗소리에 귀를 가다듬으며
물관을 부지런히 들락거리는 山竹들

빈 것들이 몸을 열어
―饗宴

가슴의 바닥에 이르지 못하고 풍선처럼
터지기 쉬운 미혹에 사로잡혀
둥둥 떠 있던 시간, 잊으며 산길을 걸어 올라간다
생은 가파르고 또 그만큼 밝기도 해서
땀을 훔치자 언뜻 스쳐 지나가는 부드러우면서도
덜그럭거리는 風笛 소리는 숲의 나무들이
들려주는 것이었으리라 꽃이란 꽃 다 피어
법당에도 冥府殿에도 새로 이사간 집 근처의 풍경처럼
환하여 흰구름 허물없이 떠 있는 開心寺
연못 木橋 위에 서서 어리비치는 그림자들을
들여다본다 아직 손 닿지 않는 곳으로
꽃이 산불처럼 도져가는 것이 제 집으로
돌아가는 것들의 茫然한 눈빛처럼 느껴질 무렵
산은 淸寂 속에 자신을 세운 채 슬그머니 내려와
우물의 물을 퍼 스스로의 뿌리로 가져가는
사람들의 등을 덮는다
하늘이 더욱 푸르러 一瞬,
빈 것들이 다시금 마음을 열어
환히 생을 피우는 것처럼 보일 때까지―

잠

사닥다리가 내려오는데 눈이 부셨다
십 년을 가까이 산 집엔, 잠으로 가득 찼는데
숨기둥 밖에서 잠이 담뱃내가 밴 벽지와 비애를 이기고
긴긴 지옥의 창고를 부수어버렸다, 지붕에는 다시
망초꽃이 피고 밤에는 자작나무 가지들이
지쳐 있는 창문을 향해 바람을 빨아들이고 있었다
가장 깊은 잠이 이 세상에는 있어
죽음조차도 몸을 빼앗긴다, 서해까지, 무덤까지
고요히 길을 내며 비자나무 숲을 만든다
저 깊은 마음에서 뛰쳐나와 기쁨의 꿈을 꾸며
구름의 서식지에 가서 지식으로 구름의 파수꾼이
되는 창문들, 강의 목숨을 끊고 바닥을 기어
하구로 몰려가는 모래들처럼 서걱거리며 흩어진다
보라! 내려온다, 금빛, 허무의, 햇빛이 다디단 열매를 달고
中天에서, 기도하는 망초꽃 뒤에 숨어 흙먼지를 일으키며
지붕 위로 고요하게 내려앉는다

발자국

우리가 혹시, 저 길의 어디쯤에서
서로의 안부를 묻는다더라도 그것은 스스로를 위안하기 위함이
라는 것을 눈치 채게 하지 말자
걸음이 더뎌 스스로에게 돌아가는 발자국이 먼지에
덮이고 밤길 또한 숨을 열지 않을 때
하나 둘씩 꺼져가는 상점의 불빛에 눈망울이 긁히는
저 수많은 사람들의 여린 어깨 위로 나리는
빗방울들이여, 자정의 너머에 바구니는 숨에 밀려와
입간판 아래에서 젖고 시절에 버림받은 노래 한 곡절만이
용케 웃음에 가득 차 있다 혹시, 우리가
사랑하지 못하여 죽음을 다루는 솜씨만 늘고
허공을 더듬는 눈동자에게서 빛을 빼앗아
서로의 잠 어디쯤에 빛을 보태더라도 그것이
스스로를 위한 것이라고는 말하지 말자
우리가 서 있는 이곳으로 태고로부터 발자국들이
오로지 파멸로 떠밀려 오고 침묵에서 자란 것들이
생의 입구에서부터 웃자라 은신처마다를
가득 메운 채 탄생만을 축복하고 있으므로

유적의 생애

너희들은 모두 잊혀질 것이다, 종일토록
가득 채웠던 마음들을 향해 말했다, 날이 저물자
도시의 불빛은 사람을 향해 눈이 부셨고
마음의 부락에도 막바지가 시끄러웠다
어둠이 내린 뒤 수염이 더 까칠해진 것을 느낀다
마음의 것들은 이제 어둠에 숨이 풀린 채
깊이 잠이 들 것이다, 자정 지나
잠이 지상에 퍼지면 시간의 列에서 뛰쳐나온
마지막 핏발들은 겸손을 가장하고 배반을 거쳐온 告解들은
不忘을 소리 높여 외칠 것이다, 마음의 아버지는 그때
불빛을 굽이쳐 수염이 돋은 마음을 향해
장렬을 돋우며, 저항하라! 국기를 흔들어대지만
동이 트면, 곧 모두는 망령으로 흩어질 것들이다
일생도 이와 같아, 꿈꾸던 모든 것들이 어디론가
흩어져 흔적 없이 사라지고 나면 망각이 자신의 공로를
치하하고 遺蹟으로 남는 생애는 막바지 別辭를
나누며 부락 입구에서 구슬피 旗를 흔들어대는
마음의 딸들을 굽이쳐보리라

고요

　여기 고요가 있다 고요는 분노의 무덤이다 보라, 연못의 둘레에 고요가 있다 저 고요는 오래되지 않은 것이어서 명상을 가장하지만 성난 황소의 뿔처럼 치명적이다 고요가 고요를 밀어내고 고요가 고요를 갈아엎는다 고요를 보라, 팽팽히 당겨진 시위에 걸려 있는 화살같이 독이 차 있다

　무엇이 이토록 굴욕을 고요로 만들었는가? 왜 고요는 핏물을 입 안 가득 물고 있는가? 노란 제 몸에다 왜 창백한 유서만을 새기며 싸늘히 웃음 짓고 있는가?

金曜日

금요일은 나무 사이로 온다
달은 잎사귀를 갉으며 푸른 곳을 골라 머리카락을 늘이고
환각은 점점 몸으로부터 빠져나와
우주의 역사를 만든다, 가을이 되자 열매의 광채들은
거리를 메우려 자신의 둥근 몸을 팽팽히 불리고
아버지들은 아버지들대로 세상의 길 위에서
자신의 힘이 너무 광대한 것에 놀란다
일찍이 거대한 그림자가 지구의 곳곳마다에
문신을 그려놓고는 그 완강함만으로
환각의 발자국을 찍어놓을 때
금요일은 천천히 나무 사이로 오고
아이들은 아이들대로 학교에서 돌아와
문이 열릴 때까지 침묵에 감긴다
과수원을 지나가듯이 시간은 흘러가는 법
그러면 의미 따위는 환각을 모방하여
역사를 넘어서려 하고 바람조차도 잎을 떨구며
순간적인 것을 영원한 것으로 받아들인다

생애의 지도

모든 집들에게 나를 데려가주기를 기원한 적이 있었으니
그 수많은 집들 너머 어느 낮은 언덕 아래 덤불 우거진
집에는 불꽃이 타올랐다, 그곳에는 생애를 기록한 책이 먼지에
뒤덮인 채 숨을 죽이고 길은 저녁을 향해 열려 있었다
그 길에 강이 있었다, 그곳에서는 꿈들이 눈물 없는 체념을 배우고
생애의 지도에는 이름이 새겨지기도 했다
나 또한 밤이면 그 무엇을 이기지 못해, 슬픔이 고여있는
수척한 지하실의 층계를 밟으며 내려가기도 했었으니
추함이 서랍과 장롱을 채우고 게으름이 다락을 채웠다
비가 내리고 낙엽이 물에 젖을 때
추억들은 물에 젖어 타오르지 않을 것이다
장님처럼 헤매며 강가에 앉아, 운명이 먹어치우는 시간을
보며 삐걱거리는 길들에게 말을 붙인다, 여기 운명에
버림받은 자 길에 주저앉아 노래를 흥얼거린다, 마침내
나를 데려가주기를 열망한 집들에게 버림받고 비가 내리는
강가에 앉아 이름을 비천한 생애의 지도에 새기노라

曠野에서

그러나 기적을 믿으리라, 흉포한 시간은
비바람을 몰고 거친 들판을 지나 하늘의 별로 떠 있다
꽃나무들은 봄이 오면 몸에 가지를 뻗고 길은 길대로
몸 안으로 들어왔다 몸을 빠져나간다, 어슴푸레 새벽이
다가와 동녘을 물들여놓는다, 그 빛 속에서
아침의 꽃밭 속에서, 잠이 덜 깬 사람들이 꽃물에 든다
광야에, 바람이, 온갖 풀이란 풀을 다 쓰러뜨리고
미움이란 미움을 다 분질러버리면서 눈보라 건너
불어온다, 고독하게 산길을 넘어가는 자는
오늘밤, 달을 만나 그 숨결 속에서, 그 품의 살 냄새
속에서 새벽이 어슴푸레 떠 오는 것을 보게 되리라
사랑하고 용서하는 자는 그 용서의 쓰라림으로
사랑이 불멸하다는 것을 믿게 될 것이다, 몸에
가지를 뻗은 저 꽃나무들, 입에, 눈에, 귀에, 꽃잎이
저 스스로 눈보라를 견디며 얼굴을 내민다
잠을 못 이루며 엎드려 있는 골짜기마다에 쩌렁쩌렁
생의 햇빛이 울려 퍼지며 기적의 시간을 건너간다

부음

기차 시간표를 보다 좁은 계단 아래로
커다랗게 자루가 미끄러지는 것을 본다
사람들의 두꺼운 옷에서는 살에서부터 스며오는 이상한
냄새들이 풍겨오고 대합실 의자에는 껌이 붙어 있었다
열차는 침목 위를 덜컹거리며 눈이 부려진 들과 역의 이름을
뒤로 남겨놓으며 바다가 있는 곳으로 달릴 것이다
바람이 그 달리는 속도에 맞서 가슴을 떼며 비명을 지르며
팔짱을 낀 애인들은 머리를 서로의 어깨에 널 것이다
창밖으로 갈대가 햇빛을 받아 반짝인다
시간은 의자마다 붉은 구름을 피우고 뭉그러진
머리에는 곧 끝날 것 같은 두통이 가라앉지 않았다
바람이 무늬 지며 불어온다, 문을 열 때마다
굉음과 함께 갈기갈기 구름이 흩어진다, 잠시 후면
죽음이 엉겨 있는 역에 내려 냉기를 뚫고 가
소금을 하얗게 문 사람들의 손을 잡을 것이다
껌처럼 붙어 저녁밥을 먹는 동안 슬픔의 막은
이상하게도 평온을 가져다주며 주름 잡힌 침묵을
어스름히 감싸 안아줄 것이다, 역에는
몸을 부딪히며 빠져나온 사람들이 두꺼운 옷에 고개를
묻으며 거칠게 사라지고 길들여지지 않은 하늘에는
추운 별 하나가 올가미를 길게 늘어뜨리고 있었다

섬

그리고 잠 속에서 머리 위로 열매들이
떨어졌다, 목욕하는 여자는 등뼈를 둥글게 구부려
너무 일찍 복수해버린 남자를 떠올리며 헐거워진 열정을
두려워한다 저절로 조용해질 때까지 구름 뒤에 숨은 빛도
갈채를 기다리며 망을 본다, 여기에서 저기까지는
얼마나 먼 거리인가?

노름꾼의 패처럼 궁지에 몰린 저녁은
바람으로 자신을 무장한 채 강을 건너려 하고 나는
우롱하는 지붕을 건너 섬의 고삐를 당긴다
마음에 파도쳐 스미는 짠물이여, 세월의 우상이여

그리고 기가 꺾인 여자는 머리를 말리며 쭈글쭈글한
열매의 틈으로 뭉개져 나오는 구름을 본다
바람이 방문을 열어젖힌다, 과녁을 빗나간 화살 하나
거울에 꽂히며 공포를 과장한다

시간에 길들여진 채 침묵에 갇혀 생을 마치리라

저 멀리, 빛에 싸인 강 언덕은 누구의 것도

아닌 채 탕진한 열정처럼 시들어가지만
한없이 나를 빈정거리리라, 식탁에 앉아 저녁을
먹는 여자의 다리 힘줄로 좀벌레들이 기어오르며
홀로 된 업신여김에 기대 그녀를 누비고 다닐 것이다

그리고 잠 속에서는 다시 열매들이 떨어지고
지금 슬퍼하는 것이 영원한 것임을 나는 안다

엉겅퀴꽃 피는 저녁

썩은 물만 고여 있는 灣
배도 항해를 잊은 지 오래인 듯
시궁창에 처박혀 있고 장례를 치룬 듯
미처 다 이름을 부르지 못한 잡초만이
꺽꺽 쇳소리를 내며 바람에 흔들린다
저 포구의 구경꾼들은 폐허를 알아버린 듯하다
곰삭는 새우젓 냄새가 마른 똥 냄새를 풍기고
깃발이 찢겨진 배가 시커먼 개펄에
묻혀만 있을 때 추억의 별인 소금도 시궁창 물에 섞여
자신의 존재를 잃은 채 노란 거품을 문다
물의 감옥인 蘇來, 구경꾼 생의 배경이 되는 개펄
엉겅퀴꽃 피는 저녁, 그 꽃의 가시가
찔러대는 흉조의 밤, 그곳은 고속도로가
협궤열차를 대신하고 중국산 농어가
창백한 혀를 대신하는 8월이다
어록의 무덤 蘇來에 별들이 썩어 되비쳐 올라간다

코스모스를 노래함

가을이면 다 하리라, 나는 벌레도 죽이지 않고
술에 취해 바다에도 거닐지 않았으니 밤이 깊으면
이별이 주는 슬픔에 문을 닫은 채 울음에 배인
가슴의 녹물들을 씻어내리라, 별이 뜨고 또 누가
죽어가는 노래를 밤의 잎사귀에 적시고 또 누구는
오래 걷다 지쳐 어둠이 몰려 있는 시골 버스 정류장에
우두커니 서서 남은 생수를 마실 때 고독은 병이라고
말하지 않을 사람은 누구인가, 산속의 원추리꽃은
밤의 무덤가에서 시커멓게 무리진 어둠의 곡성에
창백하게 풀물을 들이고 잠이 없는 사람은 잠의
나머지를 아침에게 바친다, 벌레 우는 밤, 달이 높이 떠
거짓으로 자신을 무장한 사람의 어깨 위로
떨떠름하게 빛을 비춘다
고독에 또 문이 열리고 또 그 문에 고독이 들어앉아
술에 취한 자들은 오래된 배에서
나와 육지를 걷고 꽃들은 어둠의 사슬이 주는 무거운
침묵에 휩싸여 마지막 노래를 부른다,

누군들 슬프지 않으랴
문을 닫고 우는 사람아,

물의 저녁 시집

귀 속의 귀로 듣고
입 속의 입으로 말하고 눈 속의 눈으로 보자!
이것은 내가 나를 향해 말해온 것이다
지금, 저녁의 겨울엔 침묵이 있고
그 침묵 속에는 꽃이 피려는지 몸살을 앓고 있다
그러나, 저녁 앞에서 나는 다음과 같이
말하고 말았다, 누가 나를 일찍이 여기에 묶어놓았는가?
침묵에 갇힌 얼굴, 침묵에 솟아오르는 감옥
꽃은 피고 조금씩 해는 져서 도시 어귀에는
달이 떠 거리를 비추고 무거운, 흐느끼는
그러나 철벅거리는 거리에는
내게로도 다가온 강물이 인내를 가르치며
길쭉길쭉 자란 생의 수초들을 보여준다
그리고 비린내가 나서 고양이들이 밤에, 털을 세운 채
눈에 불을 켤 때 다시, 날개가
밤에, 어지럽게 뒹굴고 있었다, 부러진 채
날개가, 비에 젖은 채
— 울고 있었다!

밤배

횟집 처마 아래 비는 내리고
어둠 속 숨은 풍경 속으로 저녁 불 흘러내리고
떠도는 말의 무늬들은 김 서린 수족관에 앳된 글을 새기고

배는 떠가고 꽃이 피려나, 여관과 그 옆의 주점은
온순해지고 항구는 비를 받아들이며 출렁거린다

바람이 침묵에 저를 가둘 때
반은 검고 반은 흰 저! 새들

불현듯 몸 안은 고적을 배후로
봄꽃이 도지고 먼 바다에서 휘어져 오는 불빛은
아직 어둠에서 깨어나지 않는다

멀리 떠가는 배에 생애의 흔적이 가물거리는 밤

비에 젖는 꽃잎이
자신과 나뉘는 발자국을 위해 가늘게 길을 비춘다

이것이, 시월의 일이었다

너무 많이, 너무 멀리, 여기 슬피 우는
잎사귀들, 그곳의 입구에서 헐떡거리며 안개가 피어오르니

지금, 창밖으로는 비까지 내리는 시월이다
창문에 서서, 바스락거리며 스러지는 한줌의 생애들에게
어떤 위로도 못하고 어둠 속에서 혼자
뚫어지게 불빛들을 바라볼 때 퍼렇게 입을 벌리고
잎사귀들은 시간의 발자국을 지나 흙에 스민다

그때, 창문은 길과 싸움을 걸며
서투른 혀끝으로 새를 부르고
생애의 기록들이 저토록 창백한 것을 아는지
비도 제 안에 바람을 재우며 고요히 물을 밀며 간다

바람

바람은 어디서 불어와서 옷가지를 흔드나?
옷가지를 흔든 뒤 왜, 눈보라와 섞이다 공터를 빠져나가는가?
쉼 없이 불어 잠을 흔들고 주름에 가 둥글게
시간을 말아올렸으니 우리 안에 누군가가 서성거리고
우리 또한 누군가의 가슴속을 서성거리다
서로의 길로 돌아갈 준비를 하는 동안 저토록 바람은
언 땅 위를 몰려다니기도 한다
나무들이 체온을 빼앗겨버린 거리
나무들의 幻聽, 나무들의 碑銘
다시는 돌아오지 못할 것들이 발자국을 내며
사라져가고 제 몸을 바로 세우는 벽들도 곧 닥칠
어둠에 서로의 몸을 좁힐 때
이 바람 속, 제 갈 길을 찾지 못해
사방으로 흩어지는 입김을 바라보는 눈보라는
도시의 불빛을 휘돌아 우리들 나라에도 흩날린다
그리고 봄이 오고 또다시 겨울이 와서
문득 발자국을 멈춘 그 자리에 검은 머리카락이
길게 솟아나고 불빛이 떨어뜨린 回憶이
눈동자를 향해 몰려오면
또 누군가는 귀를 막으며 바람을 맞고 서 있으리라

門

나는 나를 떠나 수많은 이들의 기억 속에 잠들어 있는
내가 다시는 깨어나지 않기를 바라며
나를 들이마신 사람들의 위장 속에서
돌아갈 길이 너무 멀어 주저앉아버린 사람들처럼
나에게로 내가 돌아오지 않기를 바란다

나는 느리게 걸어오는 꽃과
가느다란 나의 목소리를 달빛에게 던지며
발을 옮기는 눈앞의 것들을 외면한다

문의 중심에 별들이
허공에 매달려 있는 것들을 하나씩 지상에 내리고
나를 향해 몰려드는 수많은 내가
畢生을 거는 푸른빛에 시비를 걸 때

저 낮은 곳으로는 사람들의 발자국이 더욱
잔인해지고 기억의 음성만이 시간의 너머에서
푸석하게 들려올 때

나는 나무가 꽃을 살피는 틈을 타

빛이 밴 창문을 열어젖히며 수많은 내가 싸늘하게
시간 속에 능멸을 퍼뜨리는 것을 본다
손가락들이 흩어져 굳어가는 것을 본다

기억에 바치는 弔辭

산책이랍시고 길을 걷고 있는데
나뭇잎이 툭, 떨어졌다
비가 조금씩 내렸던가, 잎들이 물에 젖어 있었다
여름의 저것들도 낙엽이라고 불러야 하나?
무어라고 이름 붙이지 못한 것들이 꿈에 나타난다
꿈에 나타나 약속 없음을 두려워한 뒤
半旗를 내리고 있는 공터에게로 간다
아직도 자신을 먼지로 가두고
手中의 손금들은 운명처럼 얽혀 있는데
이름도 없이 곁을 스쳐가 초라한 소문으로
흩어져 있는 수많은 기억들이여
발아래로는 빗방울이 차이고
아름다움의 먹이가 되었던 쓰라림이
서로의 소리 안에 울음을 감추는 저녁
자신을 들여다보던 문 하나 늘어뜨린
어깨를 세워 흐르는 불빛을 여닫는다

봄비의 저녁

저 저무는 저녁을 보라
머뭇거림도 없이 제가 부르는 노래를 마음에
풀어놓고 구름처럼 피어오르는 봄비에
얼굴을 닦는다, 저 저무는 저녁 밖에는
돌아가는 새들로 문들이 덜컹거리고
시간도 빛날 수 있다는 것에 비들도 자지러지게
운다, 모든 약이 처방에 불과할 때
우리 저무는 저녁에는 꽃 보러 가자
마음의 목책 안에 고요에 뿌리를 두고
한눈 파는 문들 지나 그림자 지나
혼자 있는 강 보러 가자
제 몸을 출렁거리며 흘러가는 시간은
물을 맑히며 정원으로 간다
구름이 있고, 비가 있고 흰말처럼
저녁이 있다 보라, 일찍이 나의 것이었던
수많은 것들은 떠나간 마음만큼
돌아오는 마음들에 불멸을 빼앗기고
배후가 어둠인 저녁은 제 몸에
노래의 봄비를 세운다

우리는

그때에 나무들은 잎사귀가 달리면서
막연한 불안에 시달리며 잡히는 것마다 움켜쥐었다
그때에 우리는 사람들의 어두운 맨 뒷자리에서
울지 않는 것들이 무엇이 있는가를
생각하다 깜박 잠이 들곤 했다

모든 사람의 마음에 우물이 패어 흰구름이
머물다 가기도 한다고 믿기도 하던 때
계절은 끼니처럼 쉬이 오고 육체며 강이며
침묵에 비가 내리기도 하였다

우리는 푸르렀으므로 조금씩은 사나웠다
저녁 아래, 소리 아래서 듣는다
비록 행복도 고통도 눈 위에 새겨지진 않았지만
발끝까지 이어진 기록은 하찮지만
그것이 나일 수밖에 없었던 까닭이라는 것

오늘 밤 새 잎을 지나는 청춘을 바라보며
젊어 어리석었던 것들이 적막해오고
더 멀리서는 삶이라고 여겼던 더 많은 것들이

하늘에 박힌 별같이 반짝인다

이제 그때 마음을 다 밝히지 못한 계절이
다시 찾아온다면 어느 먼 곳에 있을
그리운 사람들의 가슴을 껴안고
마침내 나는 울음을 터뜨릴 것이다

바람을 읽는 밤

가을은 저렇게 오는가
저수지에서 몰려오는 안개는 장례식장의 마당을 가득 메우고
울음과 울음 사이를 이어주던
자동차의 불빛도 끊어진 지 오래
술 취한 사내가 술병을 복도 바닥에 집어던진다

고요에서 발자국을 기억해내는 사람들
그 발자국에 잠겨 문을 찾는 사람들
수많은 작별이 살아 있음으로 자신과 포옹하는 밤

저렇게 오는가 가을은
사람에게 붙잡힌 어둠이 잉잉거리고
산 중턱 모텔에서 반짝거려오는
네온 불빛에 잠시 몸을 빼앗기는
이 모든 것들의 멀리 있지 않음처럼

울음을 더듬는 빛이
술병 조각에 베인 채
이제 돌아가라고 어서 도망가라고
자욱한 안개 속에다 피를 흘려놓는
귀뚜라미 우는 밤이다

새벽이 온다

저렇게 새벽이 밀려들어 오면 밤을 의지하던 사람들은
어디로 가라는 것인가. 어둠 속에서, 어둠의 마음속에서
몽롱한 노래들이 몸을 비벼주었건만
저렇게 소리 없이 새벽이 밀려와 거뭇한 자세로
사람들을 세워두면 이들은 또 어디로 숨어들란 말인가.
어둠에 몸을 풀고 술의 노래에 허무를 이기다
어디론가 흩어지는 사람들
새벽은 아가리를 벌려 하늘의 수많은 별을 잡아먹고
핏빛 광선을 세상에 흩뿌리는데, 어둠이 사라지자
사람들이 제 속에 어둠을 만들어놓고 한사코 그 속에
스며들고 있는데, 아아, 아가리가 있는 것은 무섭다

박주택 시선집

―

제5시집

먼 곳의 들판에서
폐점
저수지에 비친 시
자작나무 숲은 여기서 멀고
그때 우리는 네거리에 있었다
시간의 동공
촉(觸)
건물들
강남역
붉은 책
그러므로 바람의 수기를 짓는다

폐점

문을 닫은 지 오랜 상점 본다
자정 지나 인적 뜸할 때 어둠 속에 갇혀 있는 인형
한때는 옷을 걸치고 있기도 했으리라
그러나 불현듯 귀기(鬼氣)가 서려오고
등에 서늘함이 밀려오는 순간

이곳을 처음 열 때의 여자를 기억한다
창을 닦고 물을 뿌리고 있었다
옷을 걸개에 거느라 허리춤이 드러나 있었다
아이도 있었고 커피 잔도 있었다

작은 이면 도로 작은 생의 고샅길
오토바이 한 대 지나가며
배기가스를 뿜어대는 유리문 밖

어느 먼 기억들이 사는 집이 그럴 것이다
어느 일생도 그럴 것이다

저수지에 비친 시

오래 살던 곳을 되짚는 일이란
잠든 망각을 그리움으로 완성시키는 것
현재의 자신과 과거의 자신이 싸우며 나지막하게 떠는 것
지붕이 타오르고 있었다
저곳이 원적이란 말인가
지문이며 우물이며 교회며 발자국 뒤로 저벅여오는
온갖 것들의 귀(鬼)스러움이며 순간적이지만 자루에 묶여 있는 숨들

뿌리를 만질 때 굴뚝 연기가 나오는 것을 본다
푸른 눈동자였다 그때는 무엇이 숲 사이로 오는가
빛이 흐려지고 돌아오는 것들의 산발치에서
후루룩 여우가 일어서는데
발목부터 뻗어 오르는 관목이 있다면
탄식부터 멸망시켰어야 하리라
산중에 도사리고 있는 뱀과 같이 노을은 저물고
저녁을 덮는 물은 교회의 망루에서
저수지에서 서성대는 숨을 향해
계명을 외우라며 비명을 지른다

자작나무 숲은 여기서 멀고

영혼을 저녁에 가둔 사람, 걸어가네
낮과 밤이 섞이며 진눈깨비 내리고
우산 없는 가로수 밤의 우울한 노래를 게워내네
죽음과 싸우기 위해 펄럭이는
바로 그곳으로부터 누군가 숨 가쁘게 계단을 오르고
기억의 비린내 속으로 한 사내 내려가네, 숨결은 흩어지고
막 생명이 태어난 듯 애인들, 팔짱을 끼고
서로의 배 속으로 들어가네, 비가 눈과 섞이며 진눈깨비로
퍼붓는 저녁, 자작나무 숲은 여기서 멀고
구두는 길과 싸우면서 두려움을 만든다
저녁의 저 윤곽들, 나서 한시도 자신을 결정하지 못하여
두통 없는 몸에 가 닿으려고 할 때
생애 가장 길었던 오늘은 어떻게 기록될 것인가
이별의 끝으로 이파리 져 날짜들의 지붕을 덮고
가로수 어둠에 밴 물을 토해낼 때
저녁을 가둔 영혼, 사내의 몸에서
빠져나와 윤곽 밖에 있는 빛으로 가네
진눈깨비 내리네, 등을 구부린 사내
흐르는 뺨으로 떨다
멀리 진눈깨비 속에 갇히네

그때 우리는 네거리에 있었다

우리들은 거리에서
바람이 어느 쪽으로 부는가를 가늠하고 있었다
공중에 떠 있는 달
하얀 시간 우리들은 서로가 서로에게 뿜는 눈빛이 두려워
기억을 더듬는 것을 포기하고 있었다
가을이 기억에 단풍을 들일 때에도
우리는 네거리에 있었다

잘가라고 시간을 얼러 잘 가라고
바람 부는 쪽을 향해 불어터진 울음이 가고
숲으로나 갔을까 그때 한번쯤은 눈빛을 불렀어야 했다
이토록 겨우 똑같은 말투에다 상상에 멀지 않은
발자국들 때문이라면 때때로 네거리에 서 있는
그림자를 불러 옷깃을 세워주었어도 좋았을 것을

그러나 어떠했는가
어두운 말에서 자란 머리카락이 길고 긴 계단과 부닥칠 때
여름은 주름에 섞여 발자국이 흐리고
여자들은 서둘러 화장을 지우며 늦은 잠 속으로 내려가고
거리들은

몸을 바꿔 추억들을 씻는다

그때, 우리는, 네거리에, 있었다

시간의 동공

이제 남은 것들은 자신으로 돌아가고
돌아가지 못하는 것들만 바다를 그리워한다
백사장을 뛰어가는 흰말 한 마리
아주 먼 곳으로부터 걸어온 별들이 그 위를 비추면
창백한 호흡을 멈춘 새들만이 나뭇가지에서 날개를 쉰다
꽃들이 어둠을 물리칠 때 스스럼없는
파도만이 욱신거림을 넘어간다
만리포 혹은 더 많은 높이에서 자신의 곡조를 힘없이
받아들이는 발자국, 가는 핏줄 속으로 잦아드는
금잔화, 생이 길쭉길쭉하게 자라 있어
언제든 배반할 수 있는 시간의 동공들
때때로 우리들은 자신 안에 너무 많은 자신을 가두고
북적거리고 있는 자신 때문에 잠이 휘다니,
기억의 풍금 소리도 얇은 무늬의 떫은 목청도
저문 잔등에 서리는 소금기에 낯이 뜨겁다니,
갈기털을 휘날리며 백사장을 뛰어가는 흰말 한 마리
꽃들이 허리에서 긴 혁대를 끌러 바람의 등을 후려칠 때
그 숨결에 일어서는 자정의 달
곧이어 어디선가 제집을 찾아가는 개 한 마리
먼 곳으로부터 걸어온 별을 토하며
어슬렁어슬렁 떫은 잠 속을 걸어 들어간다

촉(觸)

하늘에 치솟는 바위
하늘에 닿아 가르침이라도 줄 듯이
일침이라도 놓을 듯이 직립으로
벼리어 허공을 고누어보고 있는 바위
분노, 저, 탱탱한 고요

아버지에게 그런 때가 있었다

저녁에게, 낮의 부른 배에게도
소리 없이 떠다니는 물방울들에게도
소리를 참은 때가 있었다

바다의 치켜 부릅뜬 눈
팽팽한 화살, 저 꼿꼿한 전체

건물들

저 길에 차오르는 것들
겨울의 시큼한 땅을 딛고 생의 중심으로 차오르는 것들
북부간선도로에서 보았다, 강변을 향해 서 있던
건물들이 제 외로움을 견디지 못해 서로의 어깨를
기대며, 서로의 굴복에 눈감아주는 것을
단단히 서 있는 건물들, 하늘을 향해
열려 있는 창들 그리고 개심사나
부석사 어디쯤 꼿꼿이 서 있는 탑들

그 모든 것들의 견딤이 상처로 일어서는 밤
강변의 불빛이 제 쓰린 배를 강물에 부비고
눈보라 속에 제 얼굴을 묻다 새벽의
찬 공기 속에 사라지고 나면
밤을 견딘 건물들은 생의 중심으로 차오르는
슬픔과 연민 따위에 잔설처럼 시커먼 매연에 엉겨 붙는다

얼어붙는다, 그 자리 그 길 위에서
참았던 숨을 천천히 내뱉는다
그토록 제자리에 서 있던 날처럼
그토록 꼿꼿한 밤으로 주저앉는 밤처럼

망설임 없이 한낮의 유람선
강물을 질러가며
제 동작의 자랑스러움에 뱃고동을 울린다

강남역

그리하여 시간이란 계급을 재편성하는 과정이란 느낌이 들 때
햄버거는 입속에서 혈관을 터뜨리고 커피는 저녁처럼 어두워졌다
순환하는 인간들, 청춘은 중년이 되고 또 다른 청춘은
이곳을 가득 메우며 노년에 이르게 됨을 눈치채지 못한다
이십 년 전에도 그랬다, 포장마차가 즐비하던 자리는
고층으로 새를 부르고 검게 그을린 유리창에 잎사귀를 부르지만
저 싱싱한 다리는 아주 기분 나쁜 팔자를 만나
저녁의 숙명에 흘러가는 것을

화장품 상점에서 환한 빛으로 나오는 여자가 남자 속에서
둥글어지는 여름이다. 땀내 무럭무럭 자라 보잘것 없음이
나의 나라라는 것임을 마침내 떠가며 알아갈 것이니
여름이란 이곳을 차지하던 그 누군가들이 부푼 육체 속에
청춘의 찜통을 채우는 일이다, 편성된 계급에 기대어
유리창 너머로 들리는 꿈의 찰칵거리는 소리에
혹독한 운명이 자신의 것이 아니라고 부인하지만
평화가, 평화가, 나의 국가에서 울려 퍼지는 것이라고
저 시간은 벽 속에 도는 피에 빗대 저녁을 침묵시킨다

붉은 책

붉은 책들, 오후에
굳은 표정으로 떠 있다
붉은 말들, 저녁에
제 스스로 분노해 있는 의자처럼 곧추선 채, 혀에서 올라온,
배의 저 깊은 곳에서 껄끄럽게 만져지는
오랜 시간 속에서 올라온 뜨거운,
핏빛으로 이곳과 저곳, 이 눈과 저 눈 사이로 오가는 붉은 말들
검게 그을려 탄내 나는 말들,
가슴을 후벼 파는 말에,
방금 또 누군가는 짓밟혀 눈물을 흘린다
비웃처럼, 만질 수 없는 녹슨 바람처럼,
물고기 꼬리처럼 허공을 떠다니다 바닥에 가라앉는다
말이 수억 개씩 수천억 개씩 허공을 뛰어다니는 것이 보이는가?
땅에 깔려 있는 수천억 개의 말이 무어라고 중얼거리는가?
말의 상자, 말의 고름, 말의 밤
부스러진 조각처럼 흩어지다 다시 모여
담벽을 타고 가는 담쟁이처럼 기어오른다, 불가에 지진 상처가 덧난
지붕을 타고 오르며!

그러므로 바람의 수기를 짓는다

우리들은 또 이곳에서 바람의 주저함과
폭풍으로 변하는 힘과 옥상에 가라앉은 고요가
마음을 꾸미느라 끙! 하니 신음을 참는 것을 듣는다

먼 길에 우리를 떨어뜨려 놓고 고향은 어디를 가셨는가
여름은 오고 가을은 오고 무덤 뒷동산에 할미꽃은 피셨는가

다가올 죽음 하나 병실에 누워 저주를 퍼붓다가 이제 막 잠이 들고
죽음보다 앞서 온 겨울은 술집을 어슬렁거린다
저 죽음에 누군가 슬퍼하리라, 백야처럼 하얀 달과
달의 길게 빼문 혀, 우리는 그것을 기껏 바람의 수기라고 부른다
그리고 천천히 대로를 걸으며 생각한다, 눈물에 가라앉고
불면에 고이는 것이 죽음의 전부라면
울컥 이 살아 있음이 송구스럽다

저 죽음이 덮일 것이다 무엇인가에 덮여 흙으로 돌아갔다고도 말하고
하늘로 돌아갔다고도 말하리라, 그리고 저주가 자탄으로 변하고
용서하는 말로 얼굴이 맑아질 때쯤 영안실 밖으로는

하얀 눈이 내려
슬프디 슬픈 아름다움을 완성하리라

여름들

내가 아파야 비로소 내가 된다
내가 아파야 비로소 별이 되고 강이 된다

햇빛 아래서 나무의 긴 지느러미는 반짝이고
덧문을 열고 차를 마시는 카페에 있는 사람들은
여기가 해변이다, 안면도 혹은 청산도쯤
갈매기는 날고 그 갈매기를 통하여 해변은
다시 태어난다, 저 치솟은 건물들은 사람들을
얼마나 많이 멀게 만드는가

입술을 찾아서 네거리를 지나는 낮은 노래들 아래
매미가 추방을 두려워하며 울 때 나무는 거만하게
매미 소리를 덮는다, 여름의 수염들, 허공들
수직을 향해 치솟은 미각들, 나는
나의 문집에 여름을 불러들이고 싶었다
추방이 두려운 매미처럼 소유라
부르는 모든 것들에 탑을 쌓고 싶었다, 기억하는가

네거리를 돌아간 여름의 옷자락에는 온갖 소유의
주석이 붙어 있다, 내가 아프니, 나를 열어줘, 햇빛 아래서

상자들은 칭얼거리고 한 세대의 수염이 끝나
끝내 따라 부르지 못하는 노래들은
허공에 긴 뿔을 세운다

사형수들의 공작품

　목각 인형, 팔리지 않고 먼지를 뒤집어쓴 저 생의 부조는 목쉰 적막에 번져 있다 떫은 잠에 빠져 있듯이, 숨 끊긴 진열대 위에서 누군가의 손이 닿을 때까지, 야윈 눈까풀을 구슬프게 끔벅거린다, 노란 벽에 비린 피가 돋도록 그리고, 마침내 점집 창처럼 먼지는 흐느끼고, 점집 휘장처럼 마지막 새겨진 생의 부조는 죽음을 옮겨 나르고 있다 저 목각은 사형수, 허물의 거처 삐걱거리는 빗물의 의족 무거운 눈물의 벽화 죽음을 옮겨 나르는 바람이 노래를 부른다 그림자 지팡이를 짚고 허우적허우적 흘러든다

이별가 1

곳곳이 꽃이고 곳곳이 꽃인데
그냥 가시렵니까, 집은, 달은 저만치서 헤매이고
눈썹마저 강으로 던져버리면
아무리 저문 문틀이라지만 벌레 끼어 웁니다
그러니 덤불에는 눕지 마시고 꽃가지 꺾어
꽃잎에 섞여 마른 빛으로 나십시오
고르고 고른 마음 모진 어둠을 갉을 때
먼 곳으로부터 잠이 옵니다
이것이 이별을 위하는 것이라면 새벽을 달래
강에 적시겠습니다, 곳곳마다 꽃이어서
잔가지만 하더라도 수북이 여기에 있는데
다만 울음을 멈춘 벌레를 따르렵니다
달이 비추는 길에 서 계시는 하얀 옷자락이시여

헌인릉 가서

소나무 길게 늘어선 헌릉 계단에 올라
한 점 티끌 없는 하늘을 바라본다
진달래꽃 핀 봄날 조카들은 제 스스로의 흥에 겨워
계단을 오르내리고 아버지는 뒷짐을 지고
곡벽(曲壁)과 왕릉의 생김새에 대해 말씀하신다
어머니 왕벚나무 그늘에 앉아 계신다
농아 몇 맹아 몇 수화를 바라보시며
관절염을 앓아 휘어진 다리를 햇빛에 말리신다
인릉 아래 물이 가늘게 흐르고 의자에는
늙은 사내와 젊은 여자가 머리를 맞대고 있다
하늘은 푸르고 제비꽃이 왕릉 잔디에 무리지어 피어 있다
뿌리들은 어느 마음의 끝 땅속에 내려
이토록 질긴 목숨으로 얽혀 있을까
바람이 지나가면 그 흔들림만큼 흙 속을 엉켜드는
목숨들 두 번의 생이 있다면 아름다움이 다투어 묶이는
창문에 나가 동터오는 집의 입구를 바라볼 것이다
어머니 자욱이 뿌리를 뻗어 풍경들을 바라보신다
꽃과 나무 사이 긁힌 정적의 모퉁이를 도는
아버지 그림자 바라보신다

문양

안내견 앞서 가네, 눈을 끔벅거리며
약국 앞 지나네, 먼 길을 걸어온 듯 혀를 길게 빼물고
사람들이 비켜주는 길을 따라 토요일 속으로 걸어오네
벚꽃 피는 봄날이었네 마음이 도굴되는 봄날이었네
바람은 사랑에게서 불어오는 것이라고 아름다운 눈에서
불어오는 것이라고 꽃가지는 흔들고 모오든 노래들이 펄럭일 때
바람들 고요에 들어 고요의 상속을 기다리네

이렇게 흰 꽃잎 들여다보는데 마음은 피고 물은 흐르는데
고소한 기름 냄새 풍기는 봄날
바야흐로 빛을 배워 눈 열리는 봄날
놓친 것들이 돌아오는 길목
안내견 한 마리 눈을 끔벅거리며 성자처럼
흰옷을 펄럭거리며 꽃잎 속을 걸어오시네
사람들 다친 마음을 어루만지며
횡단보도 걸어오시네

명태

돌을 물에 던지자 풍덩, 하는 소리가 났다
그것은 마음에 연못이 있다는 소리
나무의 수많은 잎사귀들이 팽팽하게 부풀어 있을 때
그것은 마음의 어떤 곳을 꽃밭으로 바꾸는 일
제주 공항, 검은 옷을 입은 사내와 여자가 보따리를 들고
대합실을 빠져나가고 있다 반바지와 선글라스의
왁자한 틈 사이에서 버스를 기다리고 있다
보따리 틈에서 삐죽이 아가리를 벌리고 있는 명태
사내와 여자는 둥글게 말려오는 더운 땀을 닦아낸다
이윽고 바람이 서식지를 잃은 듯 주름을 늘이며 다가올 때
그 뒷모습을 보며 망막을 다치는 일은
풍겨 오르는 죽음의 냄새를 맡는 일
혹은 여행의 기분을 검은 옷과 바꾸는 일
애써 마음의 어떤 곳에 파도를 세우는 동안
반바지와 선글라스 들이 버스에 오르고
사내와 여자가 들뜬 틈 사이로 스며들자
나무의 수많은 잎사귀들이 팔랑거렸다

배들의 정원

가자고 한다, 밤바다에
낮게 떠 있는 저 별, 마음 밖의
뻘 밭에 빛을 비추다 쉭쉭거리는 폭죽에
마른 뺨을 비빈다, 방금 건너편에서
질러온 사람의 목소리 하나
사람의 목에 걸려 파도처럼 부서질 때
폭죽은 자신의 생애가 밤에 있음을 알린 뒤
어둠에 투항한다, 그러면 별은
비로소 자신의 빛이 회복됨에
더 높이 떠오르려 하고 배들은
파란에 슬쩍슬쩍 뒤척인다
물결이 바다를 이루고
모래가 하늘과 구분되는 동안
사람은 사람 안으로 기어드는
틈을 열어 침묵이 용서가 되는
순간을 알린다, 그리고 가자고
별들이 무늬를 만들 때
가자고, 침묵은 철썩대는 저
파도에 이정표를 세운다

강남역 사거리

오늘도 수많은 것들이 모여 다른 길로 흘러가게 하였다
구두는 위기들을 향해 한 걸음씩 나아가고 꿈은 깊은 물을 택하였다
잠에서 몸은 점점 커져 문을 빠져나갈 수 없었다
방을 몸으로 가득 채웠다,
위기의 기관으로 뻗은 저 길 저녁이면 불빛들이 모여
눈동자를 삼키고 점점 몸이 불어난 사람들은
날아오르는 새들을 본다

구름을 본다 어떤 이는 소녀를 삼키고 어떤 이는
은행을 삼키고 어떤 이는 백화점을 삼킨다
어떤 이는 책의 유래인 기억에서 꺼억 남자를 뱉어내고
어린 가지가 달려 있는 나무에 기대어 호텔의 입구를 바라본다
이것들이 모두 밤에 일어난 것이다 이빨을 떨며 불어난 몸
오피스텔을 뿌리째 뽑으며 일어선다 구두들
위기로 뻗은 길 끝에서 손을 허공을 향해 저으며
아래로 떨어지고 있다

영산홍

너 잠들었겠구나
네 잠 위에 슬픈 비 내리겠구나
비에 깎여 네 몸 이불 아래로 다리뼈가 보이고
가위 눌리는 꿈결에 베옷 펄럭이겠구나

네가 잠들었으니 자야겠구나
내 꿈에도 주름을 베껴 만든 책이 펄럭이는가 몰라
글자들 네 웃음처럼 부서지는가 몰라

너 잠들면 네가 흘린 눈물에 들어 펄럭인다
펄럭거리며 네가 구하고 싶은 약을 찾아다니다 밤에 바친다
너의 검은 눈동자와 너의 맹세와 고른 치아들이
새벽을 응시하며 비를 의역하면서 내는 소리에
영산홍 그늘 사이로 꽃잎이 진다

네가 울음을 참으며 밥을 먹을 때
네가 넘기려는 밥에 양 볼이 터져나갈 듯 눈물이 생애에 흐를 때
목울대를 풀어 사랑한다고,
사랑한다고, 네가 그토록 듣고 싶어 하던 말을 하고 싶었다

감옥의 왕국

잊히는 것이 두려워 불꽃 아래 모여드는 밤
아무것도 없음이 두려워 서 있는 밤
오늘이 아니기를 바라며 자신뿐이라는 것을 깨닫는 밤
제부도가 그렇게 말하고 있었다
어둠 위로 부딪치는 날개가 그렇게 말하고 있었다

저녁을 먹고 해변을 거닐고 사람들은 횟집 의자에 앉아
조개를 구워 먹으며 아무 손이나 붙잡고 있었다

아름다운 나라는 이곳에 오랫동안 왕국을 세울 것이다

폭죽처럼 얼굴에 비친 웃음은 목적지가 분명한 버스처럼
환한 등 사이로 사람들을 뱉어내고 버스에서 내린 사람들은
버스가 감옥인 양 바다를 향해 일제히 타오른다
그때 이미 감옥이 되어 횟집 의자에 앉아 있는 여자는
꺾인 고개를 젖히며 남자들의 거처에 스며들어
조개처럼 벌어져 있고 그 틈에 끼어들 준비를 하고 있는
손가락들은 빛이 되고 싶어 한다

그러나 왕국의 잎사귀는 사람들의 몸을 덮어

폭죽 따위가 주는 웃음을 멍하니 바라만 보고 있지 않아
사람들 살 속에 파고들어 어둠의 종족임을 분명히 한 뒤
서둘러 새벽을 불러 사람들을 햇살의 그물에 가둔다

염천, 시베리아, 유형

시베리아가 그토록 더울 줄 몰랐다
창문을 열고 더운 공기 속에서 책을 덮으며
저편 맑은 햇살 꽃 위로 날아가는 나비를 바라보았다
돌아갈 길이 호수로 변해버린 발코니에 서서
고립이 낳는 힘과 물 잔과 지워진 뿌리와
고립으로 모여드는 온갖 것들을 꿉꿉하게 바라다보았다
끄적인 종이를 구겨 더위 속에 던져 넣으며,
모자를 고쳐 쓰고 끝없이 펼쳐진 수면을 바라보는
사람의 뒷모습을 바라본다 고립은 불안을 낳고
불안은 날개를 낳으리라 안개 자욱이 올라오는 호숫가
하루를 여는 것이 불안이듯 생애를 여는 것이
먼 곳의 물결이듯 연결이 되지 않는
국제 전화기 앞에서 자신을 눌러쓰고는
그리움을 배회하는 모자 위로 나비들
날개를 팔랑거리며 다른 꽃 위로 날아 앉는다

자정에 내리는 눈

아름다운 눈이 내리는 날이라고 쓰자
소음이 귀를 열고 가게의 문이 술에 취해 안녕,이라고
손을 흔들 때 내리는 눈이 물이 되어
어둠 속에서 얼어붙는 것을 본다, 몸이 마음을 쉬게 하고
꿈도 감정의 껍질에 이끌려 모자를 벗는 밤
붉어가는 시간의 틈으로는 꽃들이 피어 있다

술 취한 노래가 희미한 가사에 혓바닥을 말고 있다

수염이 없는 가슴에는 배들이 정박하여 하염없이
눈을 받고 바다에는 더 많은 눈이 길들여지지 않은 채
제 성당의 문을 열리라, 이토록 눈이 내려
하얗게 꽃들로만 내려앉아 지나쳐온 길은
환한 꽃을 피우고 가파르던 섬에는
더 많은 갈매기들이 찾아들리라, 오늘 같은 날

문틈에 바침

가을이면 은행잎이 봄이면 벚꽃이
비가 내리면 매미 울음이 그치고
겨울이면 창문으로 바람이 새어 들어왔다
겨울이 지나고 봄이 오고 여름이 되었을 때
나무들이 아무도 지나가지 않는 길 위에서
꽃을 피우고 있었다

창에는 먼지 섞인 노래가 흘러내렸다
소리 없이 너의 문틈이 울고 목쉰 고양이가 운명의 노래에
야르릉거릴 때 오래된 침대는 운명의 것이었지
바람의 것이 아니었다. 무거운 침묵 사이사이
말없이 이삿짐을 싸는 동안

창밖에는 눈이 내리고 눈보라 쳐 유리창을 흔들고
어디론가 흩어지는 눅눅한 옷처럼
꿀꿀거리던 나무들은 자신의 자리에 남아
벌겋게 부풀어 오르는 기운들을 모아놓지 못했다

스스로 존중해야만 광폭함을 막을 수 있었던
시절들은 실감 없이 사라져가고 트럭에 실리는

짐들만이 영혼이 얼마나 먼 길을 걸어왔는지를 아는 듯
생을 마친 사람처럼 자신의 집에 눈동자를 묻는다

눈보라는 울려 퍼지고 목쉰 눈보라는 울려 퍼지고
손 닿지 않는 곳에서는 윤곽만 남은
전생의 손가락들이 탁, 탁 허공의 끈을 더듬고 있었다

이별의 역사

극장 앞에는 의자가 놓여 있네
그 의자 비에 젖네 가을비 내려 뒹구는 잎사귀 젖고
술집의 문고리도 젖어 잠마저 젖는 어느 가을날
이별이 이토록 쉬운 것이라면 시작도 하지 않았을 것이네
기억은 가물거리지도 않고 평생을 바친 힘으로
한사코 망각을 물리치네, 이것이 누구의 이별이든
모든 이별에는 흐느낌이 있네, 잠 못 드는 저 애인들

술집에서, 작은방에서, 깊은 시름에서
그림자마다 조금씩은 비에 젖고 인간의 역사가
이별의 역사라는 것을 깨닫는 순간이 올지라도
이별은 언제나 처음인 것을 그리하여, 몸은 아프고
몸보다 마음이 더 아프고 두려운 아침이 오지만
그러나 이별도 순환하여 사랑이 사랑과 만나는 것처럼
이별도 이별과 만나 사랑이 낳은 이별을 힘껏 껴안는 것이라네

깊은 곳, 깊은 눈

그래요 눈물이 흐르지요 눈에서 둥글게 맺혀
감정으로 부풀다 아랫눈썹이 다스림만으로 힘들 때쯤
도르르 흘러내리는 것이겠지요 그때 눈물은 무엇이 되던가요?
윗옷에 떨어진 눈물은 문이 막힌 말이 되고
무릎에 떨어진 눈물은 먼빛이라도 되는지요?
별이 되는 눈물은 얼마나 익어야 저곳에 있는지요?
얼마나 반짝여야 말이 되는지요?

눈물 속 어리비치는 나라
그 속, 마음꽃

눈물이 흐르지요 그래요 자리에서 온몸 둥글게 말아
절벽 아래로 떨어지는 것이겠지요 폭포수처럼
방울지며 합쳐지며 끊어지며 이어지며 떨어지는 것이겠지요
고요가 되는 것이겠지요 그때 자신을 들여다보는 마음과
그러한 자신을 들여다보는 마음은 어느 협곡을 흘러
서로의 강이 되는 건가요? 얼마나 익어야 무지개 되는 건가요?

이렇게 매를 맞아도 아프지 않은 날
이렇게 베어내도 마음이 자라는 날

점자

 아니다, 존재하는 것들의 육체다 새겨진 발자국들은 어디에선가 돌아오는 것들이다, 몸을 감싸고 콧김을 내뿜으며 귓전에 부서지는 구름을 헤아리며 잔잔히 이마를 쓸어내린다 눈 안에 눈동자를 파묻고 휘장을 나부끼는 육체들 그러나, 모두가 손아귀를 빠져나간 침묵들 길에서 만난 불안의 지느러미들로서 잎새를 갖지 못한 지팡이와 같이 해쓱하다 운명에 긁힌 존재하는 것들의 마른 생애에 돋는 점들, 그 위를 더듬거리는 어스름한 눈동자들

묘지

이곳은 미련의 둥지다
저마다 지붕을 틀고
게걸스러웠던 입을 다문 채 죽은 것처럼
누워, 햇빛을 쬔다

그러나, 저것은 죽은 것이 아니다

쭈그러진 입을 보라,
죽은 것이 아니다,

죽어서라도 땅에 붙어 있겠다는
욕망하는 성이다,

죽어서도, 끝끝내
버리지 못하는 미련의 노란 창문이다

저토록 저무는 풍경

잎사귀 떨어지는 거리를 걷다 중국집 계단을 오르며
저무는 문에 볶음밥 냄새 훅 끼쳐오면
어서 빨리 시간이나 지나가라고
어서 빨리 이 계절을 지나 저 계절로 가라고
낮고 젖은 가슴으로부터 울려 퍼지는 울음들에게
가는 노래를 듣는다, 자장면 그릇에 모이는, 나부끼는
저 창밖의 잎사귀들은 검은 공기에 뜯겨 조서 없이
바람 속으로 들어갈 것이지만 세상은 스스로 만드는 것이라도
사람의 발자국에 남은 김 서린 목을 맬 수는 없겠지
오늘 밤은 또 무엇이 되려나 예기치 않은 것들이 얽혀
운명이 되는 밤 저 여미는 것들 슬픔이라도 만지는 듯
바람은 가는 노래에서 흘러나오는 입들에게
끝은 있다 끝은 있다 가르치지만
붐비는 울음 속에 세워진 혼을 빼앗긴 저녁은 온다
깊은 곳으로부터 한없이 사라지며 물결치는
저토록 저무는 밖의 풍경은 온다

주름의 수기
—고향의 푸른 집

여기 옛 그림자 어른거리는 마을에서
저녁을 먹고 저수지가 보이는 찻집에 앉아
마음에 고여오는 것들에 몸을 맡긴다 억새꽃이 흔들리고
유년의 기억처럼 비뚜름히 서 있는 소나무
물의 시린 한기를 타고 오는 적거 혹은
더부룩하게 불러오는 풍경이여!

나는 적거에 숨어들어 바람을 불러들이고
희망을 빙자해 기쁨을 다른 곳으로 데려갔다
이토록 생을 그르친 까닭은 흙을 딛고 올라서는 것들에게서
꿈을 볼 수 없었고 가지 않은 길에 날개가 있었다고
믿었기 때문이다 그러나 부리나케 달려온 마음의 자취에는
앞질러 온 길만이 노곤한 육체를 다독거릴 뿐
슬픔과 기쁨의 차이가 이토록 멀 줄을 몰랐다

오직 깨달음을 가르쳐준 낮은 물들은
이제 그 눈빛을 거둬 별에 저장을 시작하고
어두워진 마을에서는 지붕들이 하나둘 불을 밝히며
달 아래 드는데

강과 나무

아무 영감도 주지 못하는 강가에 서서
버릇없이 (무뚝뚝하게, 방해하는) 치뜬 나무 봅니다
스스로에게 이르는 길은
아주 멀듯 보이지만 스스로의 길을 간
사람에게는 아주 가까운 거리입니다, 어떤 이가
휘파람을 불어 생을 가볍게 만듭니다
불길한 그림자들이 오락가락하는 동안
그것이 길 끝에 있는 듯도 보입니다

어떤 이는 여기에 있는 것들을 그리워
하는지도 모르지요
그러나, 누군가는 그리움에 닿는 거리에서
손마디 관절을 뚝뚝 끊으며
휘파람 사이로 쳐들어오는 외풍이며
그 외풍을 관통하는 적막의
숨통에서 작디작은 숨을 고르기도
할 것입니다 저 서 있는 나무들의
현기를 보십시오 왜 흐르거나
걷고 싶지 않았겠습니까?
어디로든지 운명이 주는 밥그릇들을

깨끗하게 닦고 싶지 않았겠는지요

작은 것들 때문에 큰 것을 잃은
자들이 강가에 모여 모래의 방이나
모래의 문이나 반짝이는 공포를
두려워하는 오후

뱀이 기어간 자리
그 자리마다에 징그러운
강의 흐르는 기억에
작년처럼 서 있지 않겠다고
지르며 지르며
아픈 것을 감추는
하루입니다

새로 시작하는 밤

새로 시작하는 밤이어서 어둠이 깊다
이 무명에 고요까지 깃들면
마음은 혼자 있음이 고맙기까지 한데
둥글게만 퍼지는 그 한가운데 골이 깊다

한파주의보가 내린 밤
문틈으로 비집고 들어오는 세찬 흔적들
고요가 새로 시작하는 밤과 교차하고
산란과 평온이 교차하는
그 한가운데로 내리는 눈송이

지금 어둠에 기대어 수많은 병이 포개져
두려움이 얇아져 가는 것을 느낀다
가르침을 주던 스승도
기억으로만 남아 기꺼이 그 무엇이 되었다

아무것도 새로울 것이 없는데
이렇게도 시작하는 밤

눈 안에 든 무명

홀로
골 깊은 골짜기를 서성거린다

대전 교도소

보리가 패어 있는 언덕에서
흙먼지를 일으키며 가는 종점행 버스를 바라보며
첫사랑을 생각했었다, 모자가 삐뚤어져 있었고
높은 곳에서는 현기증이 있었다, 도로변에는 미루나무가
겨울에는 눈을 뒤집어쓰고 있기도 했다, 오늘 밤, 부스스 날리는
주차장의 낙엽들이 흙으로도 가라앉지 못할 때
때때로 나는 내 기억들에 돋아 있는 잎사귀를
뜯어먹는 염소를 바라보며 잠자코 몸을 맡기곤 한다

그때, 미루나무는 교도소 붉은 벽돌에 그림자를
늘이기도 했는데 그곳에 누가 사는지 관심이 없었다
꽃잎이 떨어지고 가끔씩 까치집에서는 공허하게
깍깍깍 텅 빈 노래를 창백하게 불러대기도 했는데
그것을 사람들이 들었는지는 모른다
이제 염소 털들이 뿜는 빛 속에서 설탕을 잔 속에
집어넣을 때 불현듯 교도소 위에 떠 있던 달과
5월의 녹엽과 사과 꽃잎이 날리던 그 사람들의
방들을 떠올린다, 비누, 창문, 별, 무덤과 같은
서걱거렸을 것들을 생각한다

소년이었을 때

소년이었을 때 별이 있었다
여인들은 막대기를 들고 울음을 쫓고
회당 뒤편에는 고분이 언제나 푸르렀고
우두커니 봄이 지날 때 꽃잎 다 져 열매 맺힐 때
별이 있었고 여름인가가 있었다, 마을이 세상의 전부였을 때
마을의 꽃과 별이 세상의 전부였을 때
아궁이의 불빛에 울음을 닦아낼 줄 알았다
마을과 마을이 섞이고 여름과 가을이 섞이고
이승과 저승이 섞여 눈보라 치는 울음소리를 낼 때
제복을 입은 채 꽃잎 아래 서 있었다
땅에는 평화를 꿈꾸는 자들이
종소리를 울리고 생애를 예고하려는 듯
여름이 겨울처럼 늙어가 이제는 울음조차
식민지의 깃발을 나부낀다

목련

어둠을 밀어내려고, 전 생애로 쓰는 유서처럼
목련은 깨어 있는 별빛 아래서 마음을 털어놓는다
저 목련은 그래서, 떨어지기 쉬운 목을 가까스로 세우고
희디흰 몸짓으로 새벽의 정원, 어둠 속에서
아직 덜 쓴 채 남아 있는 시간의 눈을 바라본다
그 눈으로부터 헤쳐 나오는 꽃잎들이
겨울의 폭설을 견딘 것이라면, 더욱더 잔인한 편지가
될 것이니 개봉도 하기 전 너의 편지는
뚝뚝 혀들로 흥건하리라, 말이 광야를 건너고
또한 사막의 모래를 헤치며 마음이 우울로부터
용서를 구할 때 너는 어두운 하늘을 바라보며
말똥거리다 힘이 뚝 떨어지고 나면
맹인견처럼, 이상하고도 빗겨간 너의 그늘 아래에서
복부를 찌르는 자취와 앞으로 씌어질 유서를 펼쳐
네가 마지막으로 뱉어낸 말을 옮겨 적는다

머나먼 나라

제과점 앞 땅에 질질 고무다리를 이어 붙인 사내
납작 보도블록에 몸을 붙인 채 머나먼 나라로 이동 중이다
때마침 바람이 불어 낙엽이 후두둑 몇 잎 날리며
단편영화 같은 모습을 보여주고 있는데 스피커가 고장 났는지
말썽이다 저 속도라면 피자점까지는 한나절이겠다
늦는다는 것에 화가 난다 십 분이라면 혁명이라도 할 시간
부질없이 미움이 싹이 트려 하는데 찬송가가 울려 퍼진다
일순간 음악에 휩싸여 사내는 거룩한 몸을 움직여
죄 짐 맡은 것처럼 피해가는 여자들 다리를 향해 치뜨며
꼿꼿이 머리를 세우며 머나먼 나라를 간다
사내에서 여자까지, 제과점에서 피자점까지
다시 바람이 불어 나무에서 지상까지 아니, 전철역에서 이곳 제과점 앞까지
늦은 죄로 벌건 얼굴로 뛰어오는 사람을 본다
머나먼 나라로 뛰어오는 중이다, 그러고는 갑자기 유리병 장수를
발로 차 밀어뜨리는 프랑스 시인의 시 생각,

머나먼 나라에 닿기 위해 땅에 몸을 가는 영혼들
그 모든 나라들 떨어지는 꽃잎과의 거리

추억

으스름 달밤
문풍지가 바람에 울고
풀벌레들이 찌르르르 운다

꽃이 지는 밤, 꽃이 떨어지며
한 올 문장으로 일어서는 밤

산 아래서
개가 짖는다, 울을 건너오는 그 개 울음소리
문장을 길쭉하게 흔들어놓는다

나뭇잎 스삭이는 소리에 섞여
방문에 어리는 그림자

칼날을 세우고 있다, 꽃이 질 때마다
발을 옮겨 방 안을 엿보고 있다

달이 훤히 벌레의 핏줄까지
비추는 겨울밤, 문을 찢은 칼날이

목을 내려치고 있다

하루에게

너는 어디로 가서 밤이 되었느냐 너는 어디로 가서
들판이 되었느냐 나는 여기에 있다 여기서
이를 닦으며 귀에 익은 노래를 듣는다
존재를 알리는 그 노래는 추억의 중심으로 나를 데려간다
네가 살아 있을 때 나는 무엇을 했던가
전화를 받고 차를 마시고 또 무엇인가 두려워 마음을 졸였겠지
네가 가고 난 책상엔 먼지가 한 꺼풀 더 쌓이고
건물들은 늙어 어제를 기억하는 데도 지쳤지
네가 풀잎이라면 나를 초원에 데려가는 게 좋겠다
더더욱 네가 그리움의 저편 석양처럼 붉게 타오른다면
나도 모르는 그리움 속으로 데려가다오
그 속에서 온갖 그리움들을 만나 그리움의 기억을
가슴에 새기며 내가 왜 여기 서 있는지를
저 나무에게나 물어보리라

먼 밤의 저편

이 건너는 것들은 다 무엇인가
건너가 무엇이 되는가 잡음도 되고 소문도 되는
이 하루는 망각 속으로나 들어가
다시는 떠도는 구름조차라도 나타나지 않기를
저녁의 눈빛이여 아시는지, 한사코 낮에 머물러 심장을 갉는
두려움 끝에 오는 두려움 고비에서 포기하고 웅크린
그림자처럼 달빛 내리시는 모독이여
가엾고 떫은 인내가 모여 잘게 부서지는 힘에게
입을 닫아버리면 불길을 이기지 못하는 밤에는
어느 다리를 건너 아침에 이를 것인가

고양이

　너는 하얀 수액을 질질 흘린다, 얼마나 많은 날들을 날개 없이 살았기에 침묵으로 털을 만드느냐? 고요하고 빛나는 수평선이 막 마지막으로 일어서고 너는 그 틈으로 비명을 내지르고 있다 너의 생애는, 너의 공원에는 너의 앙상한 수염으로 축축하게 비가 내릴 듯한데 너는 네 발톱으로, 일어서는 수평선을 부서뜨리며 주름 속에 독기를 숨긴다, 할퀴고 구부린다, 네 태어남을, 네 죽음을, 네 먹이를, 마침내 네 몸을 너는, 네 창문을 열어 네가 가진 발걸음과 네 노래들을 길에 버려놓는다, 분명 네 것이었을 네 눈까지 허공에 던져두고 폐허의 꼬리로 나무 그림자를 흩뜨려놓는다

가을 기도문

나뭇잎 떨어지는 날에는 집에 있겠습니다
쓸쓸히 집에 남아 도저히 밤이라면
허공에 눈동자를 박겠습니다
하여 밤을 노래할 것 아니겠습니까

여름은 위대했습니다 가을 또한 못지 않았으니
겨울마저 위대하다면 찾지 않는 집에
햇살이 빛나고 이것이 생의 곡절이어
웃음이 웃음이 아니라면
그저 웃으며

이렇게 무릎을 꿇고
두 손에 바친 눈알을 가을에게 드리겠습니다

살아 있는 웅덩이

이 불안은 또 어디서 오는 것이냐
벼르고 벼른 산속 방에 숨어들어 겨울의 외풍이
잠을 떠 있게 하는 사이 며칠 전 죽은 시인에 모든 게 허무해진다
마지막 입김이 그랬던가 몇 년 전 죽은 시인도
살아 있음에 깊은 웅덩이를 파놓았었다
그러나 지금
이상하고도 무서운 통로가
산의 협곡을 타고 내려와 알 수 없는 밤을 만들 때
울고 싶은 자들이 주는 침묵은 날짜를 이길 수도 있을 것이다

울고 싶은 자 홀로 끼니를 거르는 것
그리고 자신 이외에 지켜줄 사람이 아무도 없음을 알며
하루를 하루로 바꾸어가는 일
새끼를 거느린 공터의 고양이처럼
발소리를 죽이며 웃자라지 못한 달을 건너는 눈물방울
그 방울 하나 떨어져 방에 파이는 웅덩이

밤

남은 것들은 남은 것들끼리
흩어진 것들은 흩어진 것들끼리
여기저기에서 자기 목숨들로 아우성치는 날이면
스스로 다짐했던 약속은 강에나 버릴까
너무 많은 입들 때문에 어디론가 숨어버리고
또 하루가 간다는 위안만 가슴을 짓누를 때
오월이 가도 시월이 가도 풀지 못하는
올가미들은 숲을 건너와
굵은 핏대를 올리며 꿈길이나 밟는 듯이
자욱하게 명치끝을 울리면 진한 생이 있었다고
있을 것이라고 풍경은 쿨룩거리는데
자신이 만든 모든 것들이
자신에게 돌아오는 이 거리에서
남은 힘을 모아 나의 것이 아니라고
가로수 기둥에 기억을 묶는 밤

기억제

저 저물녘 누워 있는 것들을 보라
파도는 출렁이고 노래는 물어물어 기억의 기슭에 닿는다
그리하여 철썩이고 철썩여 노래도 저물면
도시 저쪽에서는 이별한 자의 술잔과 빚에 쫓기는 고개들이 모여

간판으로 다시 태어나고 곱창집이며 호프집에는
밥과 술이 섞이듯이 강물 또한 흘러 떠가리라
다시 그리하여 모든 것들이 떠다니는 자정 무렵
이미 돌아간 자들은 분노를 남기고 새벽을 넘기는 자들은
검은 피에 발목을 적신다

누워 있는 것들
병실이며 아파트며 강물에 등을 붙인 채
기억에 가위눌리며 흘러 떠가는 것들

기원이 되고자 돛이 흔들리는 포구에서
홀로 있음이 저려오는 새벽
아픈 자들이 모이는 마음의 처마 밑에
처소의 발자국을 저녁부터 찍어온 자들
와자하니 떠들어 그속에 침묵의 잔해를 감춰놓는다

저녁의 음악회

밤은 저토록 천천히 오는가
창문 밖으로 들판이 끝없이 펼쳐진 교회에서
음악을 듣는다, 밤은 저렇게 더디 오고 촛불 아래
백발은 음을 불러일으키는가, 고요와 싸우며
피아노 건반을 정신없이 두들기는데 불현듯
집 앞의 식당과 복도와 서랍과 해야 할 일들이 복잡하게
엉켜오는데, 여기에 보낸 것들과 여기를
쫓아내는 것들은 무엇인가, 교회의 십자가
또렷이 제 있음을 알리며 한껏 성가로 귀를
덮게 하는데 깊이로 가는 것이리라 물의 중심으로
가는 것이리라 여기서 저기를 그리워하고 저기서
여기를 그리워하는 지저귐에 귀 기울여 마침내
방에 들게 하는 것이리라 가벼운 짐들과
풀어진 구두끈을 도닥이며 마음이 싸우고 있는 동안
피아노는 저녁을 넘어가고 멀지 않은 곳 수면을 도는
밤 구름 구슬픈 저녁의 음악을 넘어간다

저 석양

어디서 불어오는가, 이것들은
살아 있는 것들의 입에서 뿜어져 나온
이것들은 사람들의 들끓는 입에서 뿜어져 나와
미친 듯이 몰려다닌다, 지하 계단에서 혹은 신호등 아래에서
종횡으로 몰아쳐 마침내 나무의 등골을 휘어놓고는
제 힘에 겨워 주저앉는다

사람들은 겨울의 끄트머리에서 시커멓게 매연이 더께진
잔설이 뿜는 숨찬 빛에 들끓는 비밀을 만드는데
누가 바람이라고 불렀는가
죽은 자의 넋이 보태져 이리저리 몰려다니는 이것들은
모두 지상의 것이다, 그러니 말 많은 추억이 전세를
노래하더라도 노여워 말지니
굶주린 짐승들의 장소인 공터에 떠 있는 구름처럼
누가 바람을 저 하늘빛에 들어 올릴 것인가

전세에서 현세까지 몰아와
모조리 쓰러뜨리는 저 바람을 꽃으로 옮겨 심으며
누가 착한 호흡을 뿌리에 보탤 것인가
무량하게 그러나 사람들 낱낱의 속에서

탄생한 수억의 바람들은 저희들끼리도
싸우며 석양에 물든다.

먼 곳의 들판에서

저들로 도망오는 것들
태어나지 않은 것들만 노을에 휘감기며
저기, 저수지 안쪽에 입김을 토해낼 때
언제나 쏘다니기를 기뻐하던 소리 없는 바람은
자신의 힘줄을 일으킨 그 자리에서
생의 부질없음을 가르친다, 지붕은 불타오르고

언덕에 서 있는 한 그루 나무도
붉은 사랑의 빛이 가느다랗게 서편을 향해 누우며
세상의 길이 시간에서 시작되어 배반으로 끝나다
헛된 역사로 남는다는 것을 알 것이리니

다만 아직 태어나지 않은 것들이
바람과 언덕의 옆을 스쳐 지나가다 멈칫 나의 것인 양
안쪽으로 스며들려 하지만 나의 것이었던 많은 것들이
그 힘을 모아 그것들을 밀칠 뿐이다

사람의 몸으로부터 도망 나와 저 들판에 가득한
노을로 불타오르는 저 수많은
목소리를 누가 들을 것인가?

저 불길 한가운데서 한때는 자신의 것이었던 것들을 위하여
누가 자신의 귀를 열어둘 것인가?

저기 저, 상한 외투를 입고 저수지를 서성거리는
여자가 노을 속에 천천히 잠기어가고

새로운 사랑에 눈빛을 반짝이며 사람들이
배반의 시간 속으로 걸어 들어갈 때

박주택 시선집

—

제6시집

다시 보는 형상의 유머들
겨울의 장례
카메라 제국
도플갱어
아름다운 저녁이었다
또 하나의 지구가 필요할 때
언제나 기억의 한가운데
고등어
숨
해머 선수
저수지

언제나 기억의 한가운데

  나는 온다, 안개의 계단을 내려와 홀로 남은 빵처럼, 팔리지 않는 침울처럼
  나는 내 발자국을 따라와 가느다란 빛이 이어주고 있는 기억 사이에 서 있다

  나는 사람들이 그리워하는 것을 그리워하며 살았다
  그러나 어느 곳에 서 있었는지 작은 것조차 어두웠다

  나는 온다, 밤이 다할 때까지
  기억에서는 또 잡귀가 태어나리라

고등어

너는 너를 지난다
많은 눈이 너를 뜯어 먹을 때
너는 그것이 숨소리인 줄 안다

하나이자 여럿인 네가 흩어지고 너는
강남역 출구 앞에 서 있다

네가
너를 지나
네가 없는 자리에 있다

숨

7층은 달을 향해 있다
가늘고 긴 뿌리, 땅에 닿으려는 핏줄들
아무도 없을 때에도 방은 연거푸 숨을 몰아쉬고있다
육체가 갇혀 있으면 마음은 더 멀리 가는 법
7층의 문은 공기로 갇혀 있다, 그 문의 눈에서 빠져나오는 날짜들
오빠, 너무 슬프다, 그치
뉴타운 재개발 지역에서 건너오는 저 멀리 축축한 불빛
모든 숨은 슬프다, 가혹하고, 헛되고, 고요하다
존재는 허기를 움켜쥔 채 꿈틀거리고
뿌리는 단단해지기 위해 바닥을 모은다

해머 선수

  이제 길고 가는 열매들의 시월
  차디찬 바람과 섞이며 햇볕은 구부러지고 큰 물혹들이 잡히는 어깨뼈 아래 두려움은 서툰 변명을 시작한다

  그것은 마치 우울한 근대사 같기도 하고 망령들의 목청 같기도 하다 해머는 빙빙 돌며 하늘에 요동친다 해머는 뼈를 뚫고 나온 길들로 산 적이 없는 공간을 향해, 더는 듣기 싫은 욱하는 마음으로 공중을 반복하여 흔든다

  공중은 윙윙 돌아가는 해머에 부서지며 입을 닫기 위해 악다구니로 소리친다 그러나 지금은 보여주는 입을 대신하기 위해 해머는 줄 끝을 팽팽히 당겨, 더욱 공중을 넘어서려 한다

  시월이고 알이고 중심인 줄 끝에 매달려 육중하게 돌아가는 떨림이 가득한 순간은 치밀어 오르는 분노의 연장 같은 것
  죽은 도시를 일깨우는 새로운 말 같은 것, 시체 같기도, 악령 같기도 한 인간의 깊은 양심을 향해 날아가고자 하는 총알과 같은 것

  해머 선수, 다리 근육을 당겨 창세기를 펼치는 혼돈으로부터 끊임없이 태어나고 있는 눈을 부라리며 얼굴 전체를 일그러뜨리며

해머를 던진다

  허공의 두개골을 깨려는 듯
  무의 중심으로 알을 가라앉히려는 듯

저수지

당신은 꽃이 핀 마을에 도착했다 저수지에는 벚꽃이 둘러 피어 있었는데 바람이 불자 하얀 꽃잎들이 햇빛을 받으며 흩날리곤 했다

당신은 천천히 홀로 걸음으로써 저수지에 비친 산그늘을 주저 없이 움직이게 하고 이제 막 어떤 기억에서 흘러나온 물들은 떨어지는 꽃잎의 낙인을 받아들인다

멀리서 당신은 세상에서 떠난 사람처럼 보인다 그것은 단지 코트에 솟은 아름다운 가시 때문만이 아니다

지나간 자리마다에서 생기는 정적이 꼼짝도 하지 않고 주위에 번지고 있었고 당신은 어둠으로부터 나온 사람처럼 고개를 들고 하늘을 되받아넘기고 있었다—그때마다 산그늘이 비틀거리며 내려앉았다

당신은 육체이기 전에 먹먹한 귀를 가진 푸른 공기로부터 나오는 구름의 물방울로 태어난 사람처럼 짓눌려 있다 모두가 당신을 바라보고 있는 사이, 빛이 반질거리는 것을 이빨 아래 드러내고 있는 사이 당신은 태어나는 기억의 눈동자를 내려다보고 있었다

당신은 저수지 수문 앞에 이르러 손가락으로 머리카락을 쓸어 넘기며 힐끗 이쪽을 바라보는 것 같이 강력한 빛을 뿜어댔다, 불타오르는 것 같이 울부짖는 것 같이 서로에게 운이 다한 공모를 간직하고 있는 것 같이

  조용히 저수지의 물살이 주름을 지우듯 울려 퍼지는 그 산벚꽃나무 그림자 땅에 자신을 새기는 동안 당신은 떨어지는 꽃잎 속으로 흰 구름 아래 저수지 속으로 이제껏 존재하지 않았던 사람처럼 사라져가네

어둠의 산문

어둠을 뚫어지게 바라보니 어둠도 뚫어지게 바라본다
별이 빛으로 반짝이기까지 낮은 무엇의 배경이 되었을까
어둠이, 어둠이 되었을 때
그 배경으로 잠이 들고 말도 잠을 잔다
말이 잠들지 않았다면 붉은 말들은 무엇을 만들어 낼 것인가
어둠 속으로 한 발자국 걸어가는 동안
어둠이 한 발자국 걸어온다
어둠은 낮에게 어둠에 가깝게 보일 때까지
자신을 말하지 않고도 낮의 것을 받아들인다
그러지 않고서야 어떻게 검을 수가 있단 말인가
그래서 어둠이 키우는 것은 대개 마른 것들
벌어진 살에 쓸리는 것들
어둠 속에서 어둠의 숨을 듣는다
어둠에게 서서 어깨에 얹는 손을 본다
어둠이 깊은 것으로 자신을 만들어
모든 것의 배경이 되는 것을 본다

    수많은 별이 빛날 때까지

    수많은 말이 잠들 때까지

    수많은 마음이 잠들 때까지

가죽이 벗겨진 소

발버둥을 치다 이제 목숨이 다한 것이 틀림없는 소는
거푸 숨을 몰아쉬다 잠잠하다
입에 고여 있다 흘러나오는 침은 바닥으로 흐른다

낮게 열린 눈을 에워싸고 있는 발자국
툭툭 막아서고 있는 칼날

공기는 끈적거리고 입구는 빛이 어둡다
칼이 가죽과 살점 사이로 들어간다

가죽이 벗겨진 소
하얗게 누워 있다

국경

이웃집은 그래서 가까운데
벽을 맞대고 체온으로 덥혀온 것인데
어릴 적 보고 그제 보니 여고생이란다
눈 둘 곳 없는 엘리베이터만큼 인사 없는 곳
701호, 702호, 703호 사이 국경
벽은 자라 공중에 이르고 가끔 들리는 소리만이
이웃이라는 것을 알리는데
벽은 무엇으로 굳었는가?
왜 모든 것은 문 하나에 갇히는가?

문을 닮은 얼굴들 엘리베이터에 서 있다
열리지 않으려고 안쪽 손잡이를 꽉 붙잡고는 굳게 서 있다
서로를 기억하는 것이 큰일이나 되는 듯
더디 내려가는 엘리베이터를 쏘아본다
엘리베이터 배가 열리자마자
국경에 사는 사람들
확 거리로 퍼진다

여기가 집입니까?

일찍부터 잠이 들었습니까? 어디부터 한적해야 할지
2시는 잠이 들지 않는다, 2시가 집과 무덤 사이라면
못 같은 것으로부터 피가 흘러내리는 것은 무엇이란 말인가
벽을 타고 올라오는 돛들이 멈칫거릴 때가 있다
아이에게도 여름일 때가 있듯이
그러나 비어 있는 집은 무덤에 가깝다
당신은 무덤에 가깝다
바람은 가시를 달고 옵니까?
2시에, 새벽 2시에
쾅쾅 문을 두드리며 초인종을 누르고 있는 자가 있습니까?
또 다른 후회가 당도했습니까?

국가의 형식

*

 마음은 전속력으로 뛰어든다 비 오는 날 오후, 사람들이 우산을 받쳐 쓴 채 복권 가게 앞에 줄을 지어서 있다 '1등 복권 당첨 9명' 비구름은 갈수록 두터워지고 모자 쓴 노인이 육체의 어려움을 무릅쓰고 들어선다 머리에 빛이 스며들어 있다 끝없이 펼쳐져 있는 작은 꽃들 너무 작아 고개를 숙여야만 보이는 작은 꽃들 흔들 때마다 그 사이로 기어가는 벌레들 창문 앞에서 노인이 구부정한 허리를 펴느라 가능성도 펴졌다 두 현실, 사는 것과 싸우는 것 그래서 아이러니는 끝난 문제가 아닌 것, 말의 요지는 희망에 대한 기술이 너무 부족하다는 것

*

 말은 너무 늙어 말을 할 때마다 가루로 부셔져 떨어지고 새들도 마지못해 이 나무에서 저 나무로 옮아갈 뿐 깃털로도 기적으로 건너가지 않는다 우리는 대지 위에서 우주를 올려다보았다 (눈을 깜박이면서 뒷목이 아플 때까지) 우리는 일부러라도 빵이 아니면 움직이지 않고 아이들은 더 이상 아이들이 아니다 문득 감옥에서 아들이 어머니에게 부친 편지 생각 아픈 곳마다에서 타버리는 미래

그리고 엄습이 엄습에게 파묻고는 서로를 빨아먹으며 자라는 것들 서로에게

배우는 누명의 올가미에 교회는 붐비고 태양이 노랗게 타오르는 동안 여자들은 하나씩 사라져 경찰서도 덩달아 하나씩 늘어나지

*

풍문으로 가득하여 요란한 소리를 휘감는 감옥과 빌딩들은 일어나자마자 사람들을 먹어치우고 바닥은, 바닥은 핼쑥하게 늘어서 있다 이걸 말해두고 싶다 궁지란 용기를 확인하는 순간이라는 것 굴욕은 다시 태어나고 결심은 급하게 시작한 연애처럼 더부룩해진다 법원 자판기 의자에 모여 신음을 뱉어내는, 살고자 낯을 가로채는, 능욕하는 의혹의, 병동의 뼈만 남은 육체 결코 새로울 것도 없는 하얀 드레스 어슴푸레 우리는 지구에서 별을 바라보지만, 어깨를 부딪치며 걷고 있지만 국가는 하얀 뼈, 가느다란 울음, 붉은 꽃, 비루먹은 술잔, 편견만이 중심에 다다른 듯 우리들은 전쟁을 모방하여 싸우고, 싸우고 난 뒤에야 안심을 얻어내지, 남자는 남자들대로 칼을 갈고 여자는 여자들대로 이를 갈지

*

 늘 이런 식, 지상의 것들을 받드는 바닥이 창백하다, 복권 가게 위의 구름이 물러갈 것 같지 않다, 권리란 소리에게는 없는 것 누군가에게서 터져 나오는 연분홍빛 모독들 자주 생각하는 것인데 더 작은 문제도 여럿 있다 눈꺼풀을 봐, 여기는 지상의 마지막 처소처럼 꽃잎이 흩날린다지 바람이 불 때마다 후두두둑 떨어지는 꽃잎 독백같이 떨어지며 지상을 두드리지, 지상의 문을 두드리는 꽃잎 잠든 자들을 깨우며 흙의 가슴으로 내려앉는 꽃잎 어떤 것은 낮고 어떤 것은 지난날을 만들어내지 재촉을 견디는 계단 비옥에서 사라진 것인 돌아오는 밤 붉은 인형들 순간은 이렇게 시작되어 기다림으로 끝난다, 이것이 밥통에서 새어 나오는 연기의 모든 것 이것이 사람들 사이에서 소용돌이치는 궤변의 것 발갛게 태어나는 신생아들은 오직 유리 안에서 보호된다

*

 수첩 속에서 사라진 사람들이 간 곳은 어디인가? 꽃잎으로 굴러오는 것들은 얼마 가지 않아 권유를 좇고 달아나는 서약을 부른다 파멸 속 빛은 고립에 기꺼이 바쳐진다, 달은 감각이 없고 비린내

가 좌판에서 순교하듯 한 시기가 지나고 있다 우리들은 찌그러지고 볼품없는 날짜를 깨우고 있지만 이유를 이기지는 못했다, 배수관에 새겨진 붉은 자국이 다른 생애로 들어가느라 얼굴이 파랬다, 그것은 금방 형상이 되었다, 불쑥 장식품이 나뒹굴고 있었지만, 이 생을 다른 생으로 옮기지 못할 듯싶다, 이곳에서 우리는 익어가고 벌써 아무것도 볼 수 없게 되었다

무연고 사망자 공고

　이상한 빛이 하늘로부터 내려오고 있었으니 오래된 세기의 빛이거나 알에서 태어날 징조였다

　벌레가 갉는 심장에서 흘러나오는 시끄러운 표정은 우스꽝스러웠다 시체가 발견된 것은 강변 산책로 새벽 공기를 마시며 걷던 살집 튼실한 사내는 검정 블라우스에 감싼 채 썩은 내를 풍기는 부패된 여인을 발견했다 얼굴은 문드러지고, 엉덩이는 주저앉은 채, 온몸에 바글거리는 구더기에 덮여 땅을 바라보고 있었다, 아래를 바라보고 있었다

　육체의 욕망은 죽음을 가로지를 때 값비싼 더위가 감싸 안는 냄새들을 감싸 안는 법 모든 죽음은 죽음의 공모, 모든 부패는 부패의 공모 구더기가 슬어놓은 육체의 배설물이 수풀 속에서 타는 소리를 낼 때 액을 질질 흘리며 구역질 나게 하는 여인의 육체, 그것은 저주를 퍼부었던 누군가의 지옥, 꽃이 피어 있는 누군가의 천국

　움푹 들어간 수풀은 땅을 바라보는 힘에 맞서 육체를 들어 올리고 살갗과 닿아 있는 몇 점 흙들은 오만하게 여인을 밀어낸다 지구의 아픈 곳처럼 새벽의 아픈 곳이 소리조차 짓누르고 세계는 버려진 살처분 소처럼 늑골까지 하얀 시트로 덮여 모든 생애가 이리저리 헤매다 죽는다는 것을 오븐 아래에서 듣는다

장례 집행자

 장례 집행자는 시신에 화장을 하고 있었다

 침묵이 무겁게 가라앉고 언제든지 흐느낌은 냉동 시신을 녹일 준비를 하고 있었다 짐승 가죽처럼 노란 얼굴, 서늘하게 풍겨 나오는 잎사귀, 희미한 촉감, 이제 떠난다면 무서운 귀신으로 남을 것인 영혼 루주로 입술을 덧칠하고 검은 눈썹을 그리는 장례 집행자는 채광창을 뚫고 들어오는 햇살에 반이 환해졌다 바닥을 핥으며 비로소 자신이 되는 것, 죽기 전에 기다리고 있는 자신과 만나게 되는 것, 구부정하게 숙여 거즈로 얼굴을 닦아내는 장례 집행자의 눈빛에서 등을 돌리는 창문들 파르르 떨다 깃털로 가라앉는, 수북한 찰기 잃은 기억의 곤죽들 어느덧 시신은 자신으로 바뀌어 시트 위에 창백하게 누워 있다, 시신을 바라보는 자들 장례 집행자의 손에 두 다리는 묶이고 손도 가지런히 묶인 채 입을 틀어막은 거즈에 숨이 막히는 듯 이제는 참을 수 없다는 듯 노란 짐승 가죽 속을 서둘러 빠져나온다

마음의 거처

때때로 마음이 전부가 아닐까 하는 생각을 한다

꽃이 지느라 밤이 잠든 밤
마음은 마음속에서 기지개를 켠다

*

여름을 다오, 가을을 모르는 여름으로 하여 태양 아래서 빛나는 달빛 아래서 초록으로 터오는 강물의 머리카락에 캄캄한 내가 나일 때까지 핏방울을 던지리라, 새가 청혼을 세우고 그것을 여름이라고 부른다

강은 머무름이 극진한 물고기들을 위하여 고개를 수그리고 동트는 새벽을 에워싸고 있는 빛은 죽은 자들이 자신을 과신하여 함부로 지껄이고 나다니는 건방진 자들을 느긋하게 바라보고 있다

*

마음이 마음으로 늙어가는 것을 본다
주름이 빛바랜 추억을 앞장세워 혈통을 감추려 하지만

마음은 낮게 물들고 마음이 마음과 섞이며
걷고 있다

마음은 불타오르다 그 불로 먼 곳을 비출 것이다
그 불로 기억의 동굴 속을 비출 것이다

마음이 그 자신으로
소리를 이루는 곳, 언제나 그곳에서
마음에서 멀어진 것들만이 우두커니 흰말을 기다린다

지상의 것은 지상에서 죽는다

하늘에 문을 내지 마라
문을 열고 하나씩 들어가는 것들은 모래의 벌레이거나
구름의 것들로서 아주 오래된 것들이다
죽은 것들을 데리고 긴 혀를 늘어뜨리고 가는
돛도 보인다 돛의 불타는 장미도 보인다

2시는 신음처럼 주저앉는다
그리고 사람들은 문 앞에 당도했다
울음의 핏방울이 구름 아래로 울려 퍼진다
열고 닫히는 저 많은 문
(태어나자마자 죽은 아이들은 언제 오지?)
핏자국으로 떨리는 입맛
불어 터지고 퍼런 멍이 든 말소리
세상의 것들은 지상에서 죽는다
지상에서 죽게 여름에게 마저 기울게 해라
우리는 여기서 만나고 여기서 헤어진다
하늘에 문을 내지 마라

내게 너무 많은 집

어두워지는데 검은 피부에
터번을 둘러쓴 술 취한 노인이 노래를 불러
비틀비틀 걸어오더니 내 앞에서 벵골어로 뭐라 말해
내가 빤히 쳐다보니까
이제 들판 한가운데서 무슨 일이라도 날 것 같았지
아주 작고 마른 노인이었어
그 순간 무슨 생각이 들었느냐면
여기서는 아무도 내 편이 돼주지 않을 거라는 것
돌아서서 숙소로 오는데
휘척휘척 따라와
작대기를 휘두르며, 뒤가 아렸지만 잰걸음으로 걸었어
그때 저만치 숙소 불빛이 보였어
그리고 개가 꼬리를 흔들며
어둠 속에 있는 나를 향해 달려왔어
그때 무슨 생각이 들었는지 알아?
아, 내가 여기에 또 집을 지었구나 했어

개종하는 밤

　이렇게 서서히 들판에도 저녁이 오면 낮은 노래들은 더 낮게 깔리면서 흙으로 가고 외진 마을에도 저녁불 켜지네
　야자수 서 있는 그 옆 망고나무 짓다 만 집들이 널려 있고 기차는 멀리 기적을 짓다 만 사원 아래로 울리네

　깨진 유리창에 돋는 노란 불빛 향이 스며드는 집 뜰에는 거위가 웅크려 있고
　들판을 건너온 어둠 사람 사는 곳에 풀어져 따뜻한 불빛 속에 어른거리네
　먼 곳을 그리워하는 것들 출렁이며 불빛 속에 서 있게 하네

　이렇게도 저녁이 오면 노란 창문의 불빛에 어른거리는 그림자에 묻힌 따뜻한 온기는 이곳에 자신이 있음을 알리네 두런거리는 말소리, 부지런히 오가는 사람들
　담장 안으로 뒤뚱거리며 걸어가는 거위들

　이곳에서 많은 것을 버리네
　아주 많은 것을 잊어버리네

　노란 불빛 앞에서 모자를 벗는 바람처럼

어디로든지 갈 수 있고
언제든지 자신이 될 수 있네

그러나 의무를 닮은 저 귀가들은 도대체
누가 만들었단 말인가

평원의 산책

평원이 펼쳐져 있었다

개 두 마리가 앞서 산책을 도왔다 개는 멀찍이 떨어져 생각 밖을 지키고 있었다 하늘이 평원보다 넓게 퍼져 있었고 평원의 동쪽에는 숲이 침묵 속에 향기를 풍겨내고 있었다 붉은 황토 흙, 검게 바랜 열매껍질들, 길 한쪽에 피어 있는 노란 꽃 사이로 바삐 움직이는 벌레들
낮은 얼마나 오래되었는가 하늘은 어째서 초록이 아니고 파란가

개가 저 멀리 엎드려 있었다 아이들을 실은 트럭이 지나가며 손을 흔들다 야유를 퍼부었다 길이 사람을 길들이고 있었다 어떤 알 수 없는 빛이 평원 위로 퍼져 나가고

알 수 없는 어떤 것이 평원의 끝 쪽에서 상상을 앞서가며 버무려지고 있었다
나무들이 양 갈래로 서쪽 끝과 이어져 있었다

건초 더미가 평원 위에서 새소리를 빨아들였다
허공 속으로 내뱉고 있었다 그때 문득 죽음이 바람직해 보였다

두 마리 개는 앞서거니 뒤서거니 끝을 향해 달리다
먼 곳을 바라보고 있었다

시선 부딪치는 소리가 아득하여 들리지 않았다

까마귀

*

사루비아꽃이 피어 있는 집 앞
붉은 긴 옷을 입은 검은 피부의 여인이
마당을 쓰네, 머리에 터번을 쓴 사내 밭에서 검게 타네
돌의자에 앉았다 가는 까마귀는 며칠 전부터 유리창을
밤낮으로 쪼던 것일 것이네

여기 머무는 것도 이제 며칠뿐
얻을 것이 있다고 믿었던 것은 잊는 것을 얻었을 뿐
밖의 식탁에는 벌써 식기 부딪치는 소리가 요란하네

맨발로 걷는 여인 건너편 길로 가네
사라지는 만큼 파리들 윙윙거리네, 새들 솟고,
식탁의 떠드는 소리가 방 안을 파고들고
생을 묘사할수록 곳곳마다를 다치게 한다네

*

햇빛 쓰러지네

가늘고 긴 햇빛
태양에서 달려오느라 쓰러져 빛으로만 남네

이렇게도 한 생이며
터번을 쓴 사내가 모욕을 받아내고 있는 것도 한 생이네

귓속을 파고드는 소리들 모여
피고 지는 것 사이로 퍼지네

도마뱀

네게 들려줄 말이 있어
뭔데요?
아까 화장실 변기에
네
갑자기
네네
오줌 누려는데
한꺼번에 말씀해주세요
작은 도마뱀이
귀엽다……
너무 무서웠어
놀라셨구나 에구
밤새 내 몸을 핥고 물어뜯을 것 같았어 그래서
네
변기물을 내려버렸어
그랬더니 세찬 물을 따라가버렸어
에구
……그간 미안했어
……

더블린

각진 시계를 핥은 끝에 더블린이 펼쳐진 것은
리피 강가 빛이 번들거리는 여름의 일이다
꽃은 고개를 숙인 곳으로 열리는 조건이다, 꽃은
돋아나는 거리에 동의하지 않고서는 살 수가 없다

1

더블린은 그 자체를 쓴다
어깨를 부딪는 회전문과 다리에서 본 돌 속에 타오르는 불꽃과
더 이상 태우지 못하게 들어찬 2층 버스
우리는 강가 돌계단에 앉아 물 위에 *조이스처럼* 아린 혓바닥을 게우며
성가신 곤충들을 받아들였다
더듬거리는 맛과 같이 아름다운 어느 날처럼
시간을 약탈해 가려는 것들에 닿으려는 빛처럼 기울어지는 철제 의자처럼
우리들은 펼친다, 떫은 흑맥주를,
더듬거리는 사거리를, 입을 달아주고 있는 한 무더기의 꽃을
족족 저작물들은 마르지 않고 너무 많은 문으로 집을 파낸 휑한 어깨,

아래 뒤룩뒤룩한 눈, 그 옆으로 뿌옇게 앉아 있는 거리의 그림들
뺨을 끌어당겨 과일을 들고
다른 곳으로 뿜어대는 둥우리 속으로, 잘못을 탓하지 못한 채
담쟁이덩굴을 불러들이는 지갑 속으로, 그렇게 머뭇거릴 뿐,
조각상은 조각상대로 저항하는 눈을 부르듯이
악사가 부르는 노래에 막 깨어나
뿌리를 지키려 잎을 끌어당긴다, 모든 빛, 울려 퍼지는 돌은
밴 물을 길들이고 불꽃처럼 알을 낳는다,

2

정원—가라앉지 못하고 뿜어대고
비쳐드는 허공을 두르고 있는 꽃, 원고와 섞인 초상화들
펜촉에 천천히 길들은 물에 힘입어 길게 뻗는다
조이스처럼 창백하고 조이스처럼 서늘한 눈빛이
가야 할 곳을 되짚다 주저앉아버리면
차마 무엇이 되고 싶었던 사람은 모자를 무릎 위에 얹은 채

자신의 차례를 알아차린다, 우리는 펼친다, 어느덧 어디론가 향해 걸어가는 것이 시작된 그곳, 벌거벗은 빛, 짙은 돌, 물에 풀린

얼굴, 구체적인 팔에서 울려 퍼지는 나지막한 소리 속에서 늙어가는 위엄과 바람이 돋은 첨탑, 스테인드글라스, 다시 만난 게이들의 문신, 다리 위를 건너가는 자동차들, 2층 버스를 쫓아서 반짝이는 새들, 단순하게 푸드덕거리는 돌들
  그것이 처음인 것처럼, 때때로 우리들 앞으로 지나가는 15번가 검은 고양이

  자라는 가망만이, 날뛰는 오류만이, 저작을 기억하느라
  산 것들을 치켜올린다, 이마는 똑같아진다, 살아온 것들로
  혈관은 이윽고 손을 흔들고 아득히 여름은 턱을 벌린다―

리뷰 · 단재 · 북경

그치지 않고 돌아가는
빛과 그림자,
산맥이 사는 곳
기차가 연기를 뿜으며
계곡을 지날 때까지
플랫폼을 지나,
검은 선로를 지나
눈빛이 삐걱거릴 때까지
황사의 출생지에서
강은 진격해 온다,
곧바로 다른 기억이 되고 마는
유리창
다다를 곳이 없는 가슴,
저 멀리, 저 멀리—
저녁 빛, 저녁 빛—

이제부터 저 불빛은
피를 바치며
견뎌내리라,
하얀 밧줄,

질식할 듯 납작 엎드려 있는
골목집들
이제라도 늦지 않다는 듯
성곽을 돌아
하룻밤 속으로 깃드는
시름들

글자들을 새기는
말문을 앓는 펜에
내려앉는 눈,
불쑥 떠는 수척에
남은 불을 읽으며
벌어져가는
밤

―1927년 5월 19일,

우리 두 사람은 이화원 옆
여관 버드나무 아래에서
술상을 놓고 나지막이 노래를 불렀다,

원고는 완료되셨습니까?
울어라…… 울어라……
꽃이 지고 있었던가,
얼마 후
『조선사 연구초』가 나와
여기에 이를 발췌한다

교토에 가본 적이 없다

새로 문을 연 카페에서 교토를 떠올린 것은 어제였다

나는 교토에 가본 적이 없다
그러나 내가 사라져버리면 묻힐 곳이 있듯이
아이가 첫걸음을 뗄 때만큼
기쁨이 순간적으로 몰려왔던 때는 드물 것이다

창밖을 보며
물끄러미 흘러나오는 노래에 귀를 기울이고 있는 사람들
마치 밀양에 가보지도 않고 밀양에 간 것처럼 말이다

벚꽃이 피어 있는 교토, 깊은 봄을 재촉하는 고양이가
골목을 휘젓고 다니면 막 나인 것처럼 나를 부르겠지

그때 유끼오 씨는 두꺼운 창문을 열고
4월의 그날 밤 충고를 거절하겠지

아무래도 나는 너무 많은 상상을 보아온 것 같다
기둥들 사이 이제껏…… 정말이지 이해할 수 없는 일들까지
나무는 산 아래 언덕 위에 있었다

그곳에는 꽃이 피어 있었다
아무 의미도 없이
삼류 여관과도 같이 주위를 지배하고 있었다

나는 교토에 가본 적이 없다
첫걸음을 뗀 아이는
이제 제 방에 남자를 끌어들일 정도로 눈도 녹고 마른 날
저녁에는 태어나지 않은 것들이 흔드는
커피에서 풀리는 노란 코트
모든 길들이 모여들고, 모든 감정이 퍼져 있는
빛 속으로 흰빛을 움켜쥔다,
날씨는 모든 것을 향해 있다 이렇게 말이다
창으로 떨어지는 빛…… 아무것도 알 수 없는
모든 것이 가르쳐주지 않는 장소에서
스스로를 들여다보기 위해
흔적이 다시 돋아날 때까지 물들이는 빛
빛에 지워지고 빛 속을 걸어오는 사람들

그때까지 숨을 들이켜며 커피에 물드는 예감은
두 눈에 어떤 느낌을 고정한 채

이윽고 자신이 되기를 기다린다,
나는 교토에 가본 적이 없다

오후 4시, 카페 밖에는
작은 새처럼 커다란 가로수가 서 있다

옷 짜는 대합실

봐, 계단의 빛이 더 없이 투명해
마음에 선로가 놓여 있는 거 보여?
아무래도 좋아, 전광판도 이미 그것을 알고 있지
기차가 사람들을 고아로 만든다는 것
무엇을 향해 가는 것은 마음뿐
새들도 피난 간다, 슬로건처럼
바리케이드는 두려움으로 늙어가

의자에 잠든 생살들, 감정을 간섭하는 눈빛들
후회가 전부인 입은 끝이 보이지 않는 빛처럼 기적을 나무라고
훌쩍 지나버렸지, 달과 노란 골목에서
찍혀 나오는 위폐들 보여? 작은 공장에서 새어 나오는 빛 덜미 말야

사방이 입구인 감정 사이
그 속에서 돋아나는 눈빛들 사이
감기는 고적 사이, 낮은 길보다 오래 산단 말야
시간을 팔아 얻은 것은 의자에서 꿈틀거리는
수술 자국뿐, 생은 육체로 요약되지

다만 일생을 갉아먹을 후회가
다시 빛을 기리며 온갖 것에 감길 때
봐, 의자마다마다의 잠 속에서 피어오르는
짜는 소리들,
육체를 쥐어짜며,
옷감 짜는 소리들

마음은 이렇게도 가르친다

마음은 이렇게도 가르친다
오래 겨울이 머물다 가는 사람처럼 두려워하고
잔고를 더듬는 사람처럼 쓸쓸해라
침대에 앉아 옆 침대 신음을 듣는다
햇살은 여리도록 창에 스미고 건성으로 연속극은 돌아간다
다친 각막으로 건너편 병동을 본다
육체를 떠나는 마음이 목례를 하고
마음이 없는 육체는 적요하리라

블랙아웃

어디서왔는지모르네스스로밖에없는듯
작은눈으로남아있는무언가를찾네
감기는입술로무언가를열며어디서왔는지
안에서는사라지지도않고
오직하나의것에서울려나오는핏줄을듣네
머문것을듣네보는것은보이지않고
보이지않는것이보일때사라진것들은나타나
다시팔에닿네돌의노래를보았지
숨마다닿는혀아득한눈길로스르르풀려나가한바퀴를돌지
아무것도아무것도피지않아도

물에누워있다네

개와 늑대의 시간

날마다 태어나는 여인이 지나간다
여인의 궁둥이는 지금 모퉁이를 밝히고
남자는 우두커니
모퉁이에 남아 있는 빛에 정신을 놓는다
남자는 여인이 짜놓은 즙을 마지막 한 방울까지 마신 뒤에야
발걸음에 자신을 옮겨놓는다

비올라 연주자

문을 빨아들이며 홀이 말라빠진 의자들을 다독이고 있었다
한 줄기 빛이 켜지고,
비올리스트는 가슴이 불룩한 드레스를 입고 중앙에 나타났다

소리들은 지느러미가 돋쳐 있었다
죽은 자들을 떠올리고
산 자들을 죽게 만들며 제물들에 봉헌하고 있었다
피가 고안해낸 빛을 퍼 올리고 있었다

양 한 마리, 벌판 구름 아래 고삐에 매여 있다

누군가를 향해 날아가는 분노
격렬하게 입을 벌린 비올라 소리

마침내
나무들이 홀을 향해 잔인하게 잎을 흔들 때
양의 배에 깊숙이 박히는 칼날

복권 판매소

 가판대 위에서 속수무책으로 눈치를 보는 복권들은 두개골이 사라진 인체를 바라본다 열번째 혹은 열네 번째에서 오랫동안 거기 있었던 것처럼 팔리기를 고대하는 돼지머리처럼 무엇인가를 회상할 뿐 미래까지 기념일을 맞이하는 전등들은 눈을 감은 채 지느러미를 움직인다 그때 가지들은 정신을 잃고 우산은 단 한 사람을 위해 발견을 믿고 있다 줄을 선 사람들은 몰락한 경험 때문에 한층 말쑥한 모습으로 영광 속에 자신을 멈추고 그중 맹목에 복종하는 사내와 여자 몇은 자발적으로 비를 빛에 달군다 영화의 장면처럼 길 반대편에는 긴 코트를 입은 검은 안경의 부동산 중개소 건물 안에서는 계약서에 도장들이 찍힐 때 꿈이 서식하는 인기척 위로 치과 치료대 위에 누워 있는 썩은 이빨들

파스타

1
비위가 거슬리는 핀잔에 어지간히 지쳐 있는
신장개업 파스타 전문점은 어깨가 가라앉아 있다
감각에 따르면, 맛은 합리적인 구성물이 아니다
맛은 개인의 무의식에 속하는 것으로 그것은
조합들에 의해 형성된 관념이다, 오랫동안 자리를 지켜온
제과점의 눈에 교환이 평등하게 이루어진다고 보는 것도
서비스를 고려한 까닭에서다, 이런 뜻에서 교환과 굴종은
인식의 관점에서 동의어, 연애 또한 그러할 것

2
마음은 피고 물은 흐른다, 향료는 감각에서 유래하는
꽃에 닿으려고 접시를 도닥거리고 있지만
유리는 무엇을 바라보는가, ……파스타는 에고를 좀 죽여야지
생각한다, 이탈리아식은 이 지역 스타일이 아니지 않은가
(생애를 예고하려는 듯 서로가 우연히 적이 되었을 때
나는 나무 아래 서 있었다)
생애가 넘어서야 할 것으로 이루어져 있듯
벽에 달라붙은 간판들 무거운 짐에 짓눌려
차가운 눈으로 서로의 죽음을 상상한다

두 가지 경치 중에 한 풍경

가난이 상품이 된다는 것을 안 것은 낙산에서다
골목을 지나 계단을 지나 언덕에 이르니 서울이 내려다보였다
언덕에서 바라보는 시가지, 주문을 해도 오지 않을 것 같은 중국집,
중요한 사람은 아무도 죽지 않는다[*]

정면을 주시하는 창틈 사이로 평온과 싸우고 있는 눈빛들
야위는 이름과 푸른 빛
고개를 돌리자마자 어리는 흰 젖 같은, 모여 사는 몇 세기 같은
기술 본위라고 쓰인 이발소, 아무런 그림도 없는 봉제 공장,

언덕을 오르느라 생을 탕진하는 봉고의 매캐한 기침만으로도 벅찬 소파의 스프링, 이 모든 것은 다리를 꼬고 앉아 있는 노인이 열어주는 지팡이
건너편에

이따금, 갈증을 호소하는 지붕들, 우연의 전부인 언덕 아래

계단에서 자라 거리로 뻗은 듯 잘못을 기다리고 있는 순찰차

---

[*] 빈센트 밀레이.

앞에 걸린 자줏빛 절벽들!

60년대 영화 같기도, 70년대 세트장 같기도 한
환한 꽃들 속에 서 있는 낙산

깃발 아래 모여 있는 카메라를 든 구경꾼들을
혼곤히 바라보고 있다

크리스마스

언제나, 그랬지
크리스마스이브라고 빨간 솜털 모자를 쓰고 소녀들은 깔깔거리고 고개를 잔뜩 움츠린 채 안을 열어보려는 듯 높은 곳을 향해 탄생하는 2시

하얀 눈으로 다시 태어나는 거리에 퍼지는 캐럴, 무엇을 향해 가다 나무를 빠져나가는 윤곽들,
조립적인 모든 것

흐린 하늘 아래 고역을 이긴 노파들 모여 불을 쬔다, 고개를 잔뜩 움츠린 채 좌판 위로 가라앉는 작고 보잘 것 없는 상점이 된 사람…… 고구마와 장작으로 이루어진 사람

여인은 수면제에 깨어 혐오감을 계속한다, 오늘이야말로 다시 오지 못할 순간이라고 징글벨이 울려 퍼질 때 이를 드러내며 보다 높은 곳을 향해 달아난다

*

……한 사내

십자가도 타이르지 못한 무엇을 생각하는지
눈에 덮여가는 것을 본다

전작들을 위한 애티튜드

폐만 끼치고 돌아갑니다

집에 돌아와 유품들을 정리하며 무릎 꿇는 대신 저주를 선택했다
진열장 안에 저주
침대 안에 저주
파멸만 가르쳐준 술집 안에 저주

넌더리가 나는 게으름 안에 저주 쓸모없는 사람이 아니라고 봐준다면 기분이 좋을 것 같다

나도 무엇인가에 적합한 구석이 있다

내가 세상에 존재하는 이유가 슬픔을 적어 내가기 위한 것이라면 너무 상투적이다 슬픔이 사라질수록 더 자주 나타나 쫓아갈 수 없을 정도로 느리게 지나간다
누군가 "너는 정치적이야"라고 말했을 때 나는 집까지 걸어왔다

거실에 앉아 담배를 피우는 동안
불길한 예감도 스쳐 지나갔다
「저토록 저무는 풍경」 「폐점」과 같은 시가

그에 해당될 것이다
 '쓸쓸하다'는 표현은 모욕적인 것과는 차이가 있다 최근 내 처지를 비교해보아도 그렇다 새벽 5시에 앉아 새로운 형식을 생각했다 그리고 조금은 밝은 분위기로 「*시간의 동공*」을 읽었다
 이번 생은 마음에 들지 않는다
 어쩔 수 없는 일이다

그거 아니?

오래전부터 알고 있었다

알지 못하는 것을 들려주려는 듯, 망설이고 있는 너희들
잔을 만지작거리는 너희들
(그것을 모르겠는가?) 늦었어…… 한순간 생각에 잠겼다가 입을 떼려는 순간

창밖에 비는 내리고
우산 대신 겉옷을 쓰고 뛰어가는 이 계절은
모든 것을 해결해야만
봄을 향하는 줄 안다

그거 아니? 아무도 없는 곳에 꽃 피는 꽃
눈이 내리는 하늘을 끝없이 날아가야 하는 까마귀 떼들
심지어 철저히 소외될 때 완전한 자신이 되어야 한다는 것
헛되이 바람은 지나가지 않고
어느 것이나 아무것도 남아 있지 않은 것은 없는 것처럼
더 많이 알고 있는 것은 저 소나기…… 혹은 푸른 하늘이 사라진 뒤 오는 들판의 먼 무지개

너무 늦었어, 담배 냄새를 풍기는 유리창엔
《알 수 없는 일로 가득하고 참아야만 오후들이 지나간다는 것》
그거 아니?
너희들에게 해주고 싶었던 말 저 밖의 금이 간
전신주처럼 세월을 견디며 어깨를 이어줄 때
한곳에 멈추어 선 울음도 빛이 된다는 것

홀리데이

이제 텅 비어 적도 힘도 물리칠 권리조차 사라지고 편애하던 쾌락조차 세차게 끓어오르지 않는 한 자멸은 다 익은 밥이 되어 등줄기를 보일 것이다 그때 다 익은 밥은 애틋이 사는 가르침을 빨리 오는 가을에게 이렇게 말한다

꺼진 불빛은 무전유죄의 거리를 더욱 어둡게 한다

하루를 견딘 밤은 구름이 마시고
눈썹에는 방금 떠난 자가 남긴 입술이 풍겨 나온다

이렇게 깨어난 어깨는 술이 깬 날의 환멸을 견디지 못할 것이다 머지않아 경구를 이긴 탈주가 부려놓은 거리는 다시 잠들고 후회가 기르는

백만 눈동자의 혀

입에 피를 묻히며 살을 물어뜯다 이따금 너무 뜨거운 태양 아래 어느 가슴으로부터 뛰쳐나온 불길한 날들만이 거푸 숨을 헐떡거릴 때면 계절도 계절답게 옷깃을 풀게 할 것이다

이제 밤을 위한 것들은 붉은 눈으로 고동친다
파탄으로 일그러진 자들을 알려고도 하지 않고 응급차처럼 빠르게 지나간다

눈을 감고 여름이 지나가는 미지근한 뒷모습을 허락할 것이지만 나쁜 징조는 **여름의 것, 검은 집, 검은 불꽃, 마지막으로부터 받은 때가 잔뜩 낀 유리창,**

잠이 들지 못하는 약속은 지켜지지 못하리라는 것

내일이면 혹은 어느 날이면 전신에 또 덧칠하여 버려지리라는 것, **증오하는 것도 지쳤다**

모든 것을 써버렸다
―이제 이 총은 누구도 빼앗을 수 없는 마지막 재산이 되었다

도망자

　나뭇가지에 걸려 있던 구름 눈꽃으로 피었다 고지로 파고드는 바람 뺨을 후려치고 눈보라는 앞을 가로막으며 헉헉대는 입안에 퍼진다

　앞을 보라고 산이란 산에 내리는 눈은 가파른 비탈마다 결빙으로 후려치는데 눈꽃은, 눈꽃은 흘러나오는 눈물과 콧물에게 유린은 뒤로부터 닥쳐온다

　골짜기에서 바람 우수수 솔가지를 흔들어대며 와글거린다 그때 한꺼번에 몰려와 언 육체에 엉기는 눈발 불현듯 새를 불러 골짜기를 들어 올리고 눈보라는 하늘을 끌어 내리느라 더욱 혼이 하얗다

　그러나 바위에 걸터앉아 분노에게 말을 거는 동안 용서는 외투를 걸치며 흩어지고 뼈만 남은 고사목 근처에는 보란 듯 용서가 부린 욕들로 그득하다 팔에서 손을 떼라 부라리는 시간마저 계곡 아래로 미끄러지며 내려간다

　눈보라 속을 더듬거리는 겁을 먹은 발자국 아, 하고 입을 벌려 잘못을 깁고 있다고 맹서를 새기고 있다고 목이 메인다 그러나 안중에도 없다는 듯 바람이 불고 휘몰아쳐 마침내 고지 끝에 서서 매를 후려친다

가족 심리극
―우주에 지구 같은 곳이 또 있다면?

　*

　아랑곳하지 않고 저녁은 온다 생각이 쓰는 잔들은 단맛으로 가득 차 있고 유리 조각은 아침까지 박혀있다 호텔 쪽으로 달려가는 구급차―밤이 왔기 때문에 사람들이 빛을 먹어치우느라 뛰어다녔다―십자가가 계단을 풀어헤치고 한 발로 서 있다 젖을 먹인 적이 없는 처녀지인 어떤 감정 앞에서 처녀들은 기이하게 뛰어오른다, 이것은 노란색 이를테면 신종 마약 같은 것 이제 가파른 착륙지인 6시는 아름다운 간판들을 보고 듣는다 익어가는 버스 정류장 언짢게 웅크리고 있는 카페와 견인차들 다만 몇몇 가로수들만이 은빛으로 깊어가고 테라스가 사는 곳에서, 7시가 걸어가는 곳에서, 전단지가 자라는 곳에서, 나이트클럽과 성형외과와 명상센터 지붕 위에서 두 손에 관해, 밤에 적반되는 두 손에 관해 거짓말이 다할 때까지 불판이 다할 때까지…… 당신을 기억하는가?

　축축한 심장을 가졌으며 겸손한 빛을 잃지 않는 잔들, 밤을 응시하는 풍문들,

　이를테면 촉새들의 특별식 같은 말들 말야 너는 무슨 입을 가졌니? 너 없는 곳에 대해 네가 더 많은 것을 알지? 연기는 가족이 없으니 쉴 곳을 찾는다 아름다운 작은 처녀는 더 많은 것을 듣느라

눈을 떼지 않는다

 눈빛으로 데려가는, 생을 알아들으라는 듯 떨리는 어린 공간들 모르는 이들의 거리 발아래에서 어깨는 점점 좁아져간다

 *

 혀가 공간을 물들이는 순간 연기에 갇힌 자는 미친 사람처럼 환각을 만든다 어둠은 빛에 의해 강해진다…… 바로 여기, 걱정이 떠돌 때 숨을 터져 울릴 때 저 멀리, 빛은 하얗게 반짝이고 사라진 뒤까지 남는 잔상들, 계약도 없는

 너는 잘 게워낸 거짓말 속에 있고 8시의 젖 속에 있고 도망 속에 있고 바로 저기, 하얀빛 속에 있어 너는 생각하는 공포로서 시계를 타고 배어들다 돋지도 않은 날개를 펴 허공으로 솟아오르다 기어코 너를 가둔다—이것이 웃음의 공식

 *

 그때 아래턱은 치솟아 천장에 닿고 이는 입을 가지고 있다 탁자에는 처지들이 모여 유리에 귀를 기울이면서 이윽고 자신이 아닌

사람을 본다 모든 것은 기어오르고 사다리를 통해 하늘에 다다른다―죽은 자도 마찬가지! 구두에서 립스틱으로 그리고는 오직 하나, 흥분만이 물컹거릴 때 나이트클럽의 열린 문에서 열기와 함께 퍼져 나오는 냄새들 호텔 쪽으로 사라지는 연인들 사람 속에서, 한밤중 거실 속에서, 불도 켜지 않은 집 속에서 왜 왔는지를 잊어버린 채 문을 두드리는 사람들 달 없는 밤―어디론가 자꾸만 사라지는 사람들 흐느껴 울기 시작하는 처녀들 흐르면서 눈이 머는 낮과 밤 숨결 아래에 있는 9시

*

정말 알 수 없는 일들, 알 수 없는, 하루아침에 무너지는 듯한…… 내일이 몇 시에 올까? 징조들 사이 인간들의 발자국이 오가고 자동도어는 소리를 죽인다 닫힌 문 쪽으로 먼 곳은 다른 계절로 태어나고…… 너무 많은 채 자동도어들은 무엇이 되느라 솟아오른다…… 9시를 지나, 불타오르는 흐느낌,

그러나, 당신은 발자국에 있다 젖은 굉음이 내려오고 침실이 자라는 곳에서 빛이 들어찰 때까지 흘러나오는 불안을 숭배하시라(죽은 자는 모를 것)…… 투쟁의 장소로 남은 마음이 연기처럼 떠오를 때까지

*

　제때에 납부하지 않은 고지서는 우편함에서 눈을 부라린다, 빚으로 지은 계절도 있지 않은가? 돌이 열어주는 빛은 언제나 붉은 것 그것은 섬에서 육지를 바라보는 것과 같은 것 가산세가 붙은 새벽이 온다, 이제 불빛을 옮긴 듯 다른 것은 엄두도 내지 못한 채 이번 생애가 서서히 사라진다, 기억에도 세금이 붙어있다! 한쪽 날개가 불빛을 옮기고 있다, 빚으로 빚어

　자신을 그리는 혀가 없는 눈

　*

　거꾸로 매달린 너, 외벽을 타고 오는 고별의 기억 너를 보는가, 낮으로부터 불려 나와 거짓말 속으로 가는 머리들 그래, 커튼이 열리고 아이들이 열리고 열린 거짓말 속으로 들어가 거짓말이 되는 거짓말, 거짓말 속에서 밥을 먹고 거짓말 속에서 섹스를 하고 거짓말 속에서 번식하는 통장들 계단마다 얼룩덜룩한 어둠이 오가네, 쓰레기통 주위로는 새끼를 거느린 고양이들이 눈빛 속에서 떠내려가고 주체할 수 없는 나무는 꽃가루를 내리네

*

앞을 가린 채 멀리 퍼져 있는 날들로 몸을 켜고 제단에 서네 세상은 저 아래 있고 하늘은 가득 차 있네

두 눈을 치뜨고 공포에 입을 벌린 채 고개를 파묻고 있네 터지는 핏줄들이 떨며 안으로 울부짖을 때 번제는 서서히 완성되네

양을 닮은 당신, 불빛도 거리도 널브러진 어둠도 통째로 불태워지는 양의 길을 따라가네 어디로부터 왔는지 피가 바닥과 함께 흐를 때까지⋯⋯

지골로 조[*]

조는 가죽처럼 눈을 떴다, 유리는 멍이 들어 있었다
그래, 가고 적시는 것이지, 뉴욕은 여인이 퍼붓는 키스처럼 질척거리지
계획은 이렇다—9번가 호텔에서 단발 여자, 아랍 여자
67층에서 하드코어, 조는 속보를 듣는다
이윽고 아린 듯 푸른빛이 휘돌았다
제 곳으로 돌아가는 발자국이 구워지는 곳
악사의 연주는 안중에도 없이 거뭇하지
기둥은 페이지를 넘기며 곧바로 다른 기억이 되고
오렌지는 다다를 곳이 있다는 듯 어깨를 들이치지
여기에 사이언톨로지교가 있다는 것은 먼 옛적
나는 거기에 가지 않을 것이다, 내게 사랑을 고백하는
그 여자도 드디어 욕지거리를 뱉기 시작했다
꽃을 바치며 능멸하는 가시가 흘러오는 밤
푸르게 들이키는 땀들, 끊임없이 부풀어 오르는 성기
이제라도 늦지 않다는 듯 버튼을 만지작거릴 때
뒤늦게, 신호음이 가슴으로 퍼져온다
조는 거리 위로 내려앉는 분진을 바라보며
자신의 운명 속에 인간의 격언을 새기며

---

[*] 인공지능 로봇.

충전된 몸을 일으켜 9번가로 향했다

다시 보는 형상의 유머들

어디에서나 흘러가는 것들은 무릎이 있다

사막 한가운데 핀 꽃이 간직하고 있는 장엄 속에는 앙금으로부터 견딘 무릎이 있고 파산한 자의 웃음 속에는 다시 맺지 못하는 무릎이 달려 있다 그리고 언제나 중심을 깨닫는 데에는 상처의 도움을 받는다 고립을 마지막으로 택한 자의 눈을 바로 볼 때 팽팽한 불꽃 속을 걸어 나오는 결심 하나는 견고한 것을 쓰러뜨린다 도시의 한 구가 흘러가는 때 거리와 빌딩들이 요동을 치며 흘러가는 때 무릎은 권태 속에서 빠져나와 넋을 풍기고 여인들은 깃발을 가로지르는 유방을 흔들며 구원에 사랑을 맡긴다

육체가 위대했던 때 그런 때가 있었다 이상하게도 서글프고 다른 생애를 살았어야 하는 씁쓸한 잔인이 저녁 식탁에 앉는다면 온갖 것을 빛내서라도 이 생애를 갚아야 할 것이네

어느 고장인가? 어느 독백이 재회를 기원하며 여름 잎사귀에 목을 맨단 말인가?

거대한 뿔과 이를 가는 뼈다귀들 사이에 찌푸리고 있는, 헐떡거리고 있는 순결로 주조된 폭염, 붉고 붉은 빛의 늘어진 혓바닥, 그

위로부터 솟아오르는 구린내 나는 구름, 그 위로 악취로 김을 내고 있는 하늘 위 행성들

겨울의 장례

이 훌륭한 밤을 보내니 어떠냐
묘지들은 보다 더 가까이 있고 죽어본 자만이 혼을 믿는다

막 앰뷸런스 한 대 자신 속으로 들어오는 것을 막아봐!
짖어도 겨울은 오거든

구월의 뼈로 빚은 팔차선 도로, 죽기만을 기다리는 가족들
죽어본 자만이, 죽어본 자만이 겨울이 온다는 것을 믿지
밤의 세간들이 외로운 추위에 떨 때
자신 속으로 들어가 나오지 않을 때

묘지에서 자라는 것들,
아이들은 믿을 수 없고 너무 부드러워
적들의 무기고인 웃음들 그리고 마지못해 열리는 거리

거리는 장례가 시작되는 곳에서, 너무 많은 것을 기억해
낮이 남몰래 돌아다니는 그사이 익어가는 붉은
아름다운 태양 아래로 가라, 기교를 부리지 말고 죽어라*

---

* 사라 키르쉬.

그것이 기교의 방식, 식초 냄새에 침이 고이는 것처럼
죽음의 냄새에 고이는 육체들, 아닌 것처럼 해도
지하상가의 생선 가게처럼 썩어가는 것들이 있다

그건 시끄러운 소리에 다름 아니다
어제가 오늘과 만나고 내일이 모레와 만나 조롱하는 것을
어째서 듣지 못하는가?

이제 아무도 믿지 마,

강물이 흩어지지 않으려 바닥으로 가라앉는다는 것을 기억해
훌륭한 밤 보내, 바닥처럼, 혼자

카메라 제국

얼마나 많은 눈이 붙어 있단 말인가? 쓰레기에 관해 쓰고 숨통에 관해 쓰고 고라니가 올가미에 걸려 있듯이 피투성이 속에서 발목이 부러진 채 신음하고 있듯이 자식을 저버린 사내에 관해 쓰고 있는 그때 사거리에는 손쓸 틈도 없이 저기, 저 위에서, 눈동자를 찍는 저것들은,

아주자질구레한동작인데도대롱대롱매달아놓고으스대며반짝이고있는저것은,

한낮을 감시하고 2시를 치는 한밤중에도 악귀처럼 무르익은 냄새를 풍기고 있는 그때, 몰래 엿보는 만큼 달라붙은 눈동자는 깃보다 더 반짝이고 있다,

발걸음을 지켜보고 있는 것을 꽃잎 하나가 떨어져 하강을 거절하고 탄생의 주문을 외우기를 지쳐할 때에도 날카로운 손톱으로 할퀴고 기억하고, 마음까지 박혀 있다,

육체를 떠난 영혼을 한층 더 길게 기억하고 어둠속으로 사라지기를 기대하는 적막은 야위어 더듬거리는 빛 쪽으로 헐떡거리는 저 혈안,

우리는 완전한 기억처럼 사육되며 고삐처럼 기억된다.

도플갱어
—내가 나일 수 있는 것은 길들여지지 않은 곳으로 가서 나로부터 울려 퍼져 너로부터 돌아오는 종소리에 귀를 기울이는 것

너에게서 나지만 너의 것이 아니다

지금, 여기 털은 솟아나고 그것은 표지판처럼,

비존재적, 어둠 속에서 빛나던 변명은 사거리의 모퉁이를 빠져나간다 홈은 계속해서 파인다 혼이 의자에 앉아 머리카락에 머물 때
  나무는 무엇을 알 수 있는가? 나무는 무엇을 바랄 수 있는가? 혼자 태어나 근심은 완성된다 그리하여 반짝이는 지금,
  여기

'시선'에 의해 추방된 자들 부활을 고안하며 후회를 은폐하는 밤이 오면 자신을 데리고 영원을 바라본다, 그때
  먼 곳이 어두워졌다가 밝아지고
  발자국을 변호해온 잠은 생과 저항하며 지구의 한 쪽에 가엽고 부드러운 긴 꿈을 이끌고 온다

  잠은, 머릿속 깊은 곳으로부터 와서
  또 다른 세상의 문을 연다 잠은, 젖을 빨아대며 양육된다
  별은 씨앗을 받고
  과거는 미래에게 눈썹을 달아준다

이것이야말로 대지에서 나온 것
　대지는 아무도 알지 못하는 곳을 열어 허공을 듣는다 현재에 도달하는 순간 현재는 사라지고,

　문 안을 들여다보는 순간

　시간은 누구를 속이고 있는가?
　네가 일부라는 것, 구름이란 애도라는 것
　누가 안개를 걷어주겠는가?
　그러자 낯선 남자와 몸을 섞던 여인은 그 자신으로 녹아들고 죽는 것도 사는 것도 없이 하나로 흘러간다

　낮으로부터의 이유들

　우리는 우리 곁을 지나온 것뿐 새들처럼 충혈되고 새들처럼 던져졌네 우리는 배운 것만으로도 운명을 점칠 수 있고 학교처럼 울부짖었지 부인을 살해한 의사가 무죄판결을 받았다면 그것은 선택

　어둡고 낮은 구름 사이 막 소녀티를 벗은 아이들이 담배를 피워 문 채 치마 속으로 유일한 약속을 끌어들이지 않듯

우리는 우리가 알지 못하는 곳에서 순간을 무성하게 헐떡거린다

똑같은 사람은
어디에도
없을 테니까

우리는 우리를 부르는 것들에게 무릎을 꿇는다 낮은 우리에게 보이지 않는 우연을 주었으므로, 서로의 잘못을 들여다보는 것만으로
언제나 내게는 안녕!
개의치 말고 물집을 터뜨려줘!

미래 속으로 움직일 때 계단 아래에 있는 우울, 우울의 어원은 휘어진 **뼈**에서 새어 나오는 기침
수천 년 전부터 살고 있는 예감이 선택을 빼앗긴 채 모든 변명을 읽고 서로로부터 멀어진, 문 앞에 서 있다

혹성들

어둠 속으로 누군가 걸어갔다 느슨하고도 슬픈 울음이 구슬프게 울려 퍼졌다 잠이 들지 못한 채 베개를 적시는 방 안에는 가늘게 빛이 새어 나왔다 아무도 읽어주지 않는 방, 아들은 문을 걸어 잠근

채 죽음에 관한 기록들을 살피고 딸은 주저앉는 코 때문에 거울 앞을 떠나지 않는다 애인을 떠올리는 아내는 가파른 체위에 부드럽게 가라앉고 남편은 저주
를 데려와 '반드시'를   새벽에   새긴다
　　제자리를　　　찾느라　　거친　　숨을　　몰아쉬는
　　　집은 찢어진 것만이, 길들여지는 것만이, 초록인 곳
　　　　　　활짝 꿈이 모여 다른 꿈이 되는 곳

지구 위로 지구 위로 별자리 옮기네 계절은 바뀌고 바뀌어 태양과 도네 우리는 우리는 울 줄을 모르고 답할 줄도 모르네 비가 내릴 때까지 꽃이 필 때까지 날짜는 우리를 찍어내고 지구의 이쪽이 아프고 지구의 저쪽이 아퍼 또 하나의 지구가 필요할 때 우리는 날마다 전시되고 날마다 비육되네

아름다운 저녁이었다

아무것도 들어갈 수 없었다 작은 저녁이었다
우유를 먹은 배가 슬슬 부글거릴 때쯤
부딪쳐서 돌아올 것이 없는 초원이었다
오지 않을 것 같은 날짜는 돌아온다
벌레들이 풀과 풀 사이를 건너뛰고 개 짖는 소리는
어디에서나 같다는 사실
(듣기를 달리 들을 뿐이지!)

작은 저녁이, 노을이 파고든 자리 어둠이 파고들어서
사람들이 자신 속으로 걸어가 자신이 되는 저녁
여기에도 사람이 살아 긴 옷을 끌며
맨발로 흙 위를 걸으며 돌아가는 법을 배우지

초원을 건너오는 멀리 기차 지나가는 소리
딱 하고 옆방에서 커피포트 멈추는 소리
벌레들의, 까마귀들의, 목구멍에서 울려 퍼지는 소리

불안도 잠자지 않고 순간에 부딪치는 말처럼
생각들이 칼칼하게 치뜨고 있는데
불안과 불안이 부딪치는 불꽃들

겨우 요양하는 기분인데 날이 갈수록 유배되는 기분
그러나 이곳 날씨는 여름, 꽃들과 함께 놀아, 무엇을 하든
어른이잖아?

박주택 시선집

박주택 시선집 해설
정명교(문학평론가, 연세대학교 명예교수)

내면의 외면성으로부터 발동된 수직의 척추와
생성의 역사를 점검하는 눈동자가 비추는 상상
유형지의 수도자
박주택은 이렇게 썼다.
- 박주택 시력 40년
의지와 물상의 긴장
벌레 혹은 다른 생의 기적
시의 풍요 또는 다른 자를 발견하는 여러 방식

박주택은 이렇게 썼다.
―박주택 시력 40년

정명교(문학평론가, 연세대학교 명예교수)

1. 의지와 물상의 긴장

박주택은 1986년 경향신문 신춘문예로 등단하였다. 이제 그의 시력 40년을 정리한다.

아주 젊었을 때 그는 숲 속을 걷는 시인이었다. "분연히 일어나 숲속을 걷는다"(「전신음악법·1」)라고 언명하였다. 이때 '숲'은 일반적 바깥 공간과 대립하며, 그 대립은 불모성에 저항하는 생명성의 성격을 띤다. 그는 본래 황야를 걷는 자였다. 그 황야에서는 가령 이런 일이 발생한다.

> 술집에 끼인 그림자와
> 시멘트 바닥에 죽은 벌레들이 보였다.
> 바람이 불어왔다. 그리고 사내들이 일어섰다.
> 그런 후, 길을 향해 걷는
> 그 사내들의 길에도 어둠이 덮이자
> 그들의 많은 손들이 공중에 허우적거렸다.
>
> ―「실족」 부분

사람들은 술집에 끼였으며, 시멘트 바닥에는 벌레들이 죽어 있다. 그리고 바람이 불고 어둠이 덮이자, 사람과 벌레는 하나가 된다. 사내들의 많은 손들이 공중에 허우적거린다. 그리고 그들은 "뿔뿔이 어디론가 흩어지고 있었다."

이런 환경 속에 살 수는 없다. 그가 "분연히 일어"난 까닭이다. 그는 숲 속으로의 진입을 결심하고 그 어떤 난관도 뚫어낼 결심을 한다.

> *희망은 굳센 상처.*
> *기다린 자의 가슴에 만발할*
> *희망은 굳센 상처.*
>
> 　　　　　　　　　　　－「희망은 굳센 상처」

숲에 무엇이 있길래 그는 숲의 인간이 되려 했던가? 혹은 그는 숲에서 어떻게 희망을 단련했는가? 여기에 하나의 대답이 있다.

> *삶이란 깊은 뜻이다. 텅 빈 고요 속에 찾아오는*
> *숲속의 정적. 생명의 바다이다.*
> *그 눈부신 성전 위의 산의 숲은 푸르고*
> *우리는 움직인다. 우리는 비상한다.*
>
> 　　　　　　　　　　　－「나의 피는 O형」

명징한 진술이다. 박주택 시의 중요한 특징 중의 하나는 거의 직언에 가까운 어조로 시인의 의지를 언명한다는 것이다. 그 명징한 어조가 시적 무늬를 띠는 건 문장들 사이의 긴장에 의해서이다. 또한 이 긴장에는 씌어지지 않은 문장들도 작동한다. 숲에 들어선 시인은 단박에 '삶의 깊은 뜻'이라는 통찰을 얻어낸다. 숲 속에 들어선 그가 숲의 내적 공간을 관찰하고 그 형상을 눈 안으로 들이지 않았다면 나올 수 없는 진술이다. 그러나 숲의 묘사가 생략되어 있기 때문에 독자는 첫 행에서 뜻밖의 선언을 듣는 셈이 된다. 그리고 이어서 어떤 명제들을 읽는다. 이 명제들은 '숲'과 연관되어 있지만, 숲에 대한 묘사라기보다는 숲의 존재를 둘러싼 분위기를 전달하고 있다. 이 분위기에 대한 진술들은 모순된 형용들을 잇달아 제시하며 그것들을 긴장시킨다. '텅 빈 고요'(무형무성)–'숲 속의 정적'(유형무성)–'생명의 바다'(유형유성)가 호흡의 리듬을 고조시키면서 형상들을 순식간에 모순의 통합("눈부신"[=눈 뜨고 볼 수 없는]/"숲 속"[=장관] ⇒ "성전")으로 빛나게 한다.

여기까지는 통상적으로 보는 성화聖化의 기술일 수도 있다. 그러나 곧 이어서 시인은 범상한 하나의 문구를 제시한다. '숲은 푸르다'는 것. 바로 이 평범한 지칭을 통해서 일상적 현실 전체가 성전으로 변신한다. 이어서 "우리는 움직인다. 우리는 비상한다."라는 말이 자발적 탄성처럼 나오는 건 그래서 자연스럽다.

그러니까 그의 초기시는 강력한 의지를 담은 명제를 현실의 물상 속으로 투여하는 데서 독특한 시적 분위기를 창출한다. 여기에는 현실 자체를 개혁의 현장 속으로 몰아넣는 광경을 연출하여, 현실의 수용을 전제로 하는 한국시의 일반형을 탈피하고

자 하는 시적 태도가 작동하고 있다고 할 수 있다. 자신의 주관에 대한 강한 신념이 그 태도를 가능케 한 동인이다.

2. 벌레 혹은 다른 생의 기척

하지만 세계의 위협은 참된 생명을 생성코자 하는 시인을 부단히 위협한다. 앞에서 시인이 걷는 길을 '황야'라고 했지만, 숲 바깥에 황야는 엄존한다. 그렇다면 숲과 황야의 분리를 어떻게 이해할 것인가? 다시 말해 황야를 걷고 있는데 언제 숲에 들어갈 것인가? 그리고 숲의 생성 작용 속에서 황야는 왜 숲으로 전화되지 않는가?

그의 숲이 의지의 산물이라는 점에 위기가 있다. 그것은 "영혼을 앞세운" 일이었다.

> 영혼을 앞세워 길에 이르는 나의 길에 새의 깃트는 소리 들리고 먼 길 오는 새벽에 만난 조용한 삶의 발걸음을 만난다. 높은 산으로 와서 뉘우치는 自省. […] 광명한 날이 온다. 하늘 푸른 새 생각 속으로 밀려와 인고했던 나날 앞에 고개 숙이고 쑥꽃마저 새벽 창밖으로 상처를 내 가슴에 묻으면 어느 먼 길을 걸어온 새벽이 열린 영혼에 자욱히 핀다.
>
> ―「다시 물 위의 노래」

영혼을 앞세운 길이었기에 숲은 언제나 기미와 소망, 혹은 상처로 존재한다. 그렇기 때문에 숲의 현존은 모호하다. 그의 갈 길을 가리는 자욱한 것이 안개이듯이, 그가 열고자 하는 새벽도 "열린 영혼에 자욱히 핀다."

시인에게는 회한이 밀려 온다. 그의 "찌개를 먹는 수저로는/등줄기를 후려치던 눈발이 퍼올려지고/위장 속으로는 차가운 물이/서늘하게 굽이쳐 오기만 하는"(「설악에서」) 상황에 직면한다.

그의 마음 속에 '벌레'가 들어온 것은 그 때부터다.

> 저 벌레.
> 머리칼을 쭈뼛 일어서게 하는
> 땅바닥에 멈칫 죽은 척하다
> 바위 밑이며 풀 틈새로 잽싸게 끼어들어
> 기고만장 미끌거림에 들뜰
> 고약한 노린내를 킁킁 풍기며
> 납작 엎드려 기적을 바라는 듯
>
> —「風塵 세상 살아가기 —노래기」

왜 갑자기 벌레인가? 벌레의 속성이 아니라 그 동작을 눈여겨 볼 필요가 있다. 이 또한 박주택 시의 특성이다. 그는 자연을 노래하지 않는다. 물상도, 대상도 노래하지 않는다. 그는 자연의 운동을 모형한다. 대상을 운동하게 하고 그 움직임의 형상을 묘사한다. 위 시구에서 벌레는 "죽은 척하다" "바위 밑이며 풀 틈새로 잽싸게 끼어"든다. 이 동작에 주목하면, 벌레의 출현은 다음 시구의 '못'의 출현과 유사하다.

>   예전에 어떤 형태의 즐거움도
>   그와 가깝게 지내질 못했다
>   질이 낮은 삶이 무질서하게 끼어들고
>   긴 못같은 것이
>   거역할 수 없도록 오랫동안 박혀 있었다
>
>   —「겨울의 벽화」

　벌레가 끼어들 듯이 못도 끼어 있다. 이 점에서 보면 다음 시구의 "밥집 여자"도 동일한 형태를 보여준다.

>   등을
>   굵으며
>   계산대를 만지작거리는
>   볼품없이 생긴
>   밥집 여자
>   후줌 끝에 바싹 마른 듯
>   구릉 같은 주름과
>   **높고 낮은 얼굴의 윤곽선**
>
>   **밥통 위에**
>   구름이라도 떠가는가
>   채광이 들지 않는
>   막다른 밥집에서
>   구름의 잔치라도 보는가
>
>   —「밥집 여자」 부분

그러니까 벌레는 어떤 부정적인 속성을 갖는 존재가 아니다. 그건 시인의 의식의 통제를 벗어나는 어떤 다른 존재를 가리키고, 벌레의 움직임은 그 다른 존재의 낯선 작동 방식이 시인의 의식 속으로 들어왔다는 것을 의미한다. 그것을 두고 시인은 "이교도처럼 있다"고 썼다.

>이교도처럼 그녀는 있다
>낡은 종교화 속의 여자처럼
>**손을 치마 위에 가지런히 놓은 채**
>
>**치마의 얼룩을**
>바라다본다 (위와 같은 시)

그러니까 시인의 의식 속에 끼어든 존재는 생각과 믿음, 문화와 생활의 내용뿐만 아니라 그 방식까지도 판이한 존재를 가리킨다. 이 존재에 대한 각성이 일어난 것이다.

그런데 이 글의 앞에서 우리는 초기의 시인이 "시멘트 바닥에 죽은 벌레들이 보였다."라고 썼던 것을 보았다. 여기에 비추어 보면, 어느 순간 죽은 벌레들이 되살아났으며 그 벌레들은 시인이 애초에 거부했던 '황야'의 환유로서 기능한다는 것을 알 수 있다. 다시 말해 시인의 의식에 틈입한 낯선 존재는 그의 삶의 애초의 터전을 가리키며, 그 터전이 외진 부정성으로만 존재하고 있다가 새로운 생의 기미로서 시인에게 재인식되었다는 것을 암시한다.

이로부터 현실 공간은 둘로 나뉜다. 하나는 시인을 위협하는 안개 자욱한 환경이며, 다른 하나는 그 안에 거주하지만 죽음과도 같은 공간에서 생명을 지피는, 그러나 시인에게는 낯선, 어떤 존재들의 기척이다. 그 기척을 시인은 문득 알아차린 것이다.

> 그때.
> 파리 한 마리
> 후덥지근한 공기 속을 날아 와
> 여자와 거칠게 부딪친다
> 생명의 한 징표처럼 부딪친 뒤
> 어디론가 날아가 버린다
>
> ―「술집 파리 ―낙태 1」

하지만 제목이 암시하듯, 그 기척은 순간 피었다가 사라진다. 이로부터 두 가지 과제가 시인에게 주어진다. 하나는 이 낯선 존재의 생의 방법론을 학습하는 일. 왜냐하면 시인의 방법론이 한계에 부닥쳤기 때문이다. 그래서 만일 다른 생의 방법론이 그 자체로서 실효가 없었다 하더라도(왜냐하면, 그 다른 생의 존재는 잠정성의 한계에 갇혀 있기 때문이다), 나의 방법론을 수정케 할 요소를 품고 있을 수 있기 때문이다.

3. 시의 풍요 혹은 동행자를 발견하는 여러 방식

생명의 세계를 만들겠다는 순수한 의지의 표명이 첫 시집, 『꿈의 이동건축』에 집중되어 있었다면, '벌레'를 실마리로 한 다른 생의 발견과 그에 대한 탐구는 두 번째 째 시집, 『방랑은 얼마나 아픈 휴식인가』에서 『사막의 별 아래에서』을 거쳐, 『카프카와 만나는 잠의 노래』에까지 이어진다.

이 기간은 박주택 시의 형식이 풍요로워지는 과정이다. 『방랑은 얼마나 아픈 휴식인가』에서 그는 숲으로부터 황야로 복귀하면서 벌레 등, 다른 존재들을 만난다. 그 다른 존재들에서 그는 우선은 힘없고 무가치한 몸짓, 자취들만을 본다.

> 작은 모래들이 간에서 서걱거리고
> 키도 나날이 작아져
> 소인국 사람이 다 되어갈 때
> 삶 또한, 야위어
> 불결한 먼지로만 가라 앉아
> 책 위에서 어룽어룽거릴 때
>
> ―「아로나민 골드」

이런 도로徒勞 인생은 시인을 지치게 한다. 그는 그럼에도 불구하고 이 낯선 존재들의 생의 의지를 거듭 확인한다. 다음 시는 그 점을 복합적 시선으로 표현하고 있다.

아주
먼 나라에 와

둥그런 몸뚱이로
둥그런 그의 몸을 껴안고

마침내 날아

꽃들 사이에서
천 번 만 번
겨운 기쁨으로
발갛게
그의 몸을 달군다

(그 옆. 날아오르지 못한 것들이 갖는
스산한 시름과
쇠멸해가는 것들이 갖는
목 쉰 음성들
그리고 악착같이
담벽에 붙어 있는
담쟁이 넝쿨)

-「풍뎅이-삼호 아파트」

이 시에는 '풍뎅이'와 "쇠멸해가는 것들"이라는 이중적 존재가 나온다. '풍뎅이'는 시제목으로 쓰여 이 시의 중심 존재임을 드러내는

데, "먼 나라에" 온, 즉 이국異國에 도착한 존재이다. 부제로서 '삼호아파트'가 붙어 있는 것으로 보아, 이 풍뎅이는 시인을 암시하는 것으로 보인다. 부제의 장소는 지방 출신이 서울에 올라 와 거주한 곳이라고 짐작되기 때문이다. 그는 오랜 고생 끝에("마침내"가 암시하는 것) 이제 비상을 향한 몸짓을 하게 된다. 그러나 그러지 못한다. 그는 문득 그 옆에 "날아오르지 못한 것들", "쇠멸해가는 것들"을 보았기 때문이다.

여기에서 이웃에 대한 사랑, 동포애를 떠올릴 수도 있을 것이다. 그러나 시적으로는 그보다 더 은밀한 뜻이 있다. 시인의 암시체로 '풍뎅이'가 등장했다는 것. 이것은 이 시집에서 '벌레'의 존재태를 상기시킨다. 시인이 스스로를 낯선 존재로 파악하고 있다는 것이다. 이것은 그에게 각성을 주었던 낯선 존재들(이교도들)로부터 일어난 감화이자 각성이라고 할 수 있다. 생각해보니, '나'(시인) 역시 이 서울이라는 황야에 사는 시골출신에 지나지 않지 아니한가? 때문에 '풍뎅이'는 시인의 은유가 아니라, 은폐된 환유로서 기능한다. 즉 풍뎅이는 낯선 존재를 가리킴으로써 자기 자신을 넌지시 비유하는 것이다*. 그런데 시인에 대한 이 비유는 곧바로 성립하지 않고 다른 존재들의 발견과 함께 저지당한다. 시인은 문득 저 자신과 마찬가지로 이 세상의 낯선 존재이지만, 날지 못하는 것들을 본 것이다. 그래서 비유는 완성되지 못하고, 새롭게 발견된 존재들에

---

* 환유의 기본 작업은 '전위[轉位]'이다. 이에 대해서는 필자의 「문학에서의 은유, 제유 그리고 환유」, 『은유는 왜 특별할까?』(예솔, 2024.12)을 참조 바란다.

대한 서술로 미끄러진다.

이러한 언어적 처리를 전통적인 수사학에서는 '메타렙스méta-lepse'라고 부른다. 잠정적으로 '환서換敍법'이라고 번역해 본다. 환서법은 '진행형 환유', 즉 "차후의 전개를 통해서만 합당하다고 느껴질 수 있는 환유[*]"를 가리킨다. 위의 시구에서 '풍뎅이'는 마지막 연에서 지시된 존재들, 즉 "날아오르지 못하는 것들", "쇠멸해 가는 것들"을 통해서 비유의 합당성을 인정받게 된다. 왜냐하면 그들의 '벌레성' 혹은 '이교도성'이 후자들로부터 왔기 때문이다.

이는 박주택 시의 형식적 다양성을 확인시키는 대목이기도 하지만, 그보다 더 중요한 것은 환서법의 기능이다. 이를 통해서 시인은 낯선 존재들과의 통합에 진입한다. 그리고 그 통합의 일차적인 효과는 "날아오르지 못하는 것들", "쇠멸해 가는 것들"이 표출하는 것이 "스산한 시름", "목쉰 음성들"에 불과하지만 그럼에도 불구하고 "악착같이/담벽에 붙어 있는/담쟁이 넝쿨"처럼 생의 지속을 포기하지 않는다는 것을 깨닫게 해주는 데에서 나온다. 이 이웃들을 통해 끈질긴 생존의지가 보편성을 획득한다. 이 보편성이 제 3연의 풍뎅이의 비상의 몸짓에 에너지를 부여하며, 이 연을 실질적인 종결부로 만든다. 제 4연이 괄호로 닫혀 있는 것은 그 때문이다.

---

[*] Georges Molinié, *Dictionnaire de rhétorique*, Paris: Livre de poche, 1992, pp.212~2.

4. 내면의 외면성로부터 발동된 수직의 척추와 세월의 광휘

그렇다고 해서 시인이 곧바로 비상할 수 있는 건 아니다. 왜냐하면 그가 깨달은 건 이웃과의 공생이기 때문이다. 이 공생은 신생으로의 도약에도 적용된다. 따라서 시인이 그다음 해야 할 일은 자신에게 일었던 비상의 힘을 자신이 발견한 이웃들에게 주입하는 것이다.

그러한 수행은 희생을 전제로 한다. 시인이 자신을 "실주의 저자"라고 자학하며, 이웃들에게 자신의 살해를 당부하는 건 그 때문이다.

> 이 몸을 곱게 부수어, 산책길 한담을 나눌 때
> 새의 먹이로 주거나 찬바람에 보태 끝끝내, 죽음에 이르게 하기를!
> —「실수의 계보」

만일 내가 이웃의 먹이가 된다면, 그 대가로 나는 이웃의 몸속을 탐사하게 되리라.

한데 이웃은 '이웃들'로서 거대한 군락으로 존재한다. 이웃의 몸속을 탐사한다는 것은 이웃들의 사이를 활주한다는 것을 가리킨다. 때문에 "새의 먹이"가 된다는 것은, 사실 이웃들 사이로 새모이처럼 흩어진다는 성격을 강하게 지닌다. 이를 통해 내면은 외면으로 통한다. 뫼비우스의 띠가 만들어지고, 이때 이웃들은 우주가 되고 바다가 된다. 그 바다는 "저 나름의 아우성대는 바다"(「간월도」)라고 해석된다. 왜냐하면 이웃들은 비상의 역능을 획득하기 위해 온갖 궁리를 다하는 중이기 때문이다.

그러나 생과 비상 사이의 간극은 여전하다. 사는 것과 상승하는 것은 방향이 다르다. 세 번째 시집, 『사막의 별 아래에서』는 그 인식으로부터 출발한다.

> 두 개의 눈이 있다 하나의 눈은 그의 아버지의 것이다
> 또 하나의 눈은 그의 것이다
> 처음, 아버지로부터 그가 유습한 것은 수평이었다
> 넓고 딱딱한 어금니, 폐였다 광야였다
> 그리고, 들소를 뜯어먹고 몸 속에 자라는 산맥이 그를
> 깎은 절벽으로 만들었다 그곳에는 얼음이 붙어 있다
> ―「얼음은 날개를 가지고 있다」

수평은 자원이고 수직은 가능성이다. 수평을 받아들여 수직으로 세워야 한다. 시들은 그 궁리로 가득하다.

> 그는, 육체로 정신을 배반하지 않았다
> 팽팽히 육체를 당겨 절벽으로 만들었다
> 마침내, 눈 덮인 산맥을 사납게 휘몰아쳐
> 그 스스로 수직의 아버지가 되었다 (위와 같은 시)

육체를 당기기. 이는 방법론이자 선언이기도 하다. 방법론 자체가 방법을 요구하기 때문이다. 육체를 어떻게 당길 것인가? 그 물

음에 대한 다양한 모색이 있다. 가령

> 그저, 진화되는 것이지요, 뭉툭한 그리움도, 슬픔도, 사랑도
> 꿈도, 뽀족해지는 거지요 학교 옥사 포플러나무 밑에 엎드려
> 눌러 쓰던 착한 연필이 칼이 되는 것
>
> ―「팔봉」

처럼 슬픔을 칼로 빚는 방법도 있다. 이는 매우 자연발생적이고 평범하다. 그러나 이보다 더 정교한 것들도 있다.

> 누워 별을 본다
> 동백꽃 폈다
>
> 검은 상처의 배
> 깊은 곳에
>
> 부서지던 서랍과
> 땀의 노란 젖들
>
> 누워 별을 본다
> 하얀 누떼를 본다
>
> ―「누떼」

들판의 '누떼'를 '별'에 연결시켜 원뿔을 만들고 그 원뿔의 "검은 상처"를 열어 "부서지던 서랍과/땀의 노란 젖들"을 그 원뿔 안으로

충만시켜서 거대한 소용돌이를 일으키는 것이다. 그 원뿔이 맹렬히 회전하면서 '수직'의 극점을 아득한 높이로 솟구치게 한다. 언뜻 보면 사소한 단어들의 나열인 것 같지만, 엄청난 밀도의 자기장이 요동치는 시다.

네 번째 시집, 『카프카와 만나는 잠의 노래』는 다른 유형의 방법론을 탐구한다. 세 번째 시집과 네 번째 시집은 각각의 입장에서 상대를 보충하는 대대관계를 이루고 있다고 볼 수 있다. 왜냐하면 앞 시집, 특히 「풍뎅이」를 통해서 보았듯이, 시인과 낯선 존재들 사이의 잠재적 동일화를 하나의 신념으로 굳힌 후, 이 시집들이 그 신념을 실현하기 위해 출현했기 때문이다. 전 시집, 『사막의 별 아래에서』가 시인의 자세를 가다듬는 자세들의 모색을 보여주었다면, 『카프카와 만나는 잠의 노래』는 '낯선 존재들'의 삶의 현상으로부터 무언가를 끌어오기 위한 모색으로 볼 수 있다. 그런 짐작을 유발한 건 무엇보다도 시집의 제목이다. 왜 '카프카'인가. 그리고 왜 '잠'인가? 그것은 카프카의 단편 「변신」의 첫 구절, "어느 날 아침 그레고르 잠자는 불안한 꿈을 꾸다가 깨어나 보니 침대 속에서 흉측한 갑충으로 변해 있었다.[*]"를 단박에 상기시킨다.

카프카의 갑충은 별별 수난 끝에 시체가 되고 만다. 그러나 그레고르의 변신과 갑충의 수난을 읽은 독자는 거기에서 현실의 가혹함에도 불구하고 삶이 여하히 지속되어 갈 수 있는가를 배운다. 훗날 시인은 이렇게 쓴다.

---

[*] 프란츠 카프카, 『변신·선고 외』, 김태환 옮김, 을유문화사, 2015, p.25.

너는 너를 지난다
많은 눈이 너를 뜯어 먹을 때
너는 그것이 숨소리인 줄 안다

—「고등어」

이 "숨소리"는 문면만으로 보자면 고등어를 뜯어먹은 사람의 숨소리로 읽힌다. 그러나 고등어를 뜯어 먹은 사람의 육체 속에는 고등어가 화한 양분이 들어가 있다. 그 사람의 숨쉬는 운동을 가능케 하는 건 고등어다. 이 얼마나 기막힌 사연인가?

『카프카와 만나는 잠의 노래』는 그렇게 생성되는 숨소리들을 향연처럼 펼친다. 그것을 두고 시인은 "빈 것들이 몸을 열어" "환히 생을 피우는" 것이라고 말한다.

가슴의 바닥에 이르지 못하고 풍선처럼
터지기 쉬운 미혹에 사로잡혀
둥둥 떠 있던 시간, 잊으며 산길을 걸어 올라간다
생은 가파르고 또 그만큼 밝기도 해서
땀을 훔치자 언뜻 스쳐 지나가는 부드러우면서도
덜그럭거리는 風笛 소리는 숲의 나무들이
들려주는 것이었으리라 꽃이란 꽃 다 피어
법당에도 冥府殿에도 새로 이사간 집 근처의 풍경처럼
환하여 흰구름 허물없이 떠 있는 開心寺
연못 木橋 위에 서서 어리비치는 그림자들을
들여다본다 아직 손 닿지 않는 곳으로

꽃이 산불처럼 도져가는 것이 제 집으로
돌아가는 것들의 茫然한 눈빛처럼 느껴질 무렵
산은 淸寂 속에 자신을 세운 채 슬그머니 내려와
우물의 물을 퍼 스스로의 뿌리로 가져가는
사람들의 등을 덮는다
하늘이 더욱 푸르러 一瞬,
빈 것들이 다시금 마음을 열어
환히 생을 피우는 것처럼 보일 때까지―

―「빈 것들이 몸을 열어 ―饗宴」

    박주택 시의 형식은 여기에 와서 다른 형상의 전개를 보여준다. 시적 진술은 대상의 묘사를 머금고 낭창해지고 생의 다채로운 굴곡의 형성을 기록하는 감격을 토로한다.
    "땀을 훔치자 언뜻 스쳐 지나가는 부드러우면서도/덜그럭거리는 風笛 소리는 숲의 나무들이/들려주는 것이었으리라"에서처럼 주체가 흘린 '땀'은 대상('숲의 나무들')의 지나가는 풍경을 두 눈에 모두면서 그것을 "부드러우면서도/덜그덕거리는 풍적 소리"로 뽑아낸다. 또한, "산은 淸寂 속에 자신을 세운 채 슬그머니 내려와/우물의 물을 퍼 스스로의 뿌리로 가져가는/사람들의 등을 덮는다"라는 구절을 보라. 대지의 존재들, 애초에 시인에게 '이교도'처럼 틈입했던 존재들은 "우물의 물을 퍼 스스로의 뿌리고 가져가기" 위해서 모두 고개를 숙이고 있다. 그러나 그 고개를, 산은 당당한 자세로 세워주는 것이다. 이때 고개를 든 그들의 의연한 눈빛으로 "하늘[은]

더욱 푸르"르고, 그 순간, "빈 것들", 즉 낯선 존재들은 시인에게 마음을 열어 "환히 생을 피우는 것처럼" 자신들을 드러내는 것이다.

이때 '산'을 주의해야 하리라. '산'은 어떻게 그런 기능을 할 수 있게 되었는가? 그것은 바로 '나'(시인)의 땀이 뽑아낸 풍적소리로 "꽃이란 꽃 다 피어", 그 꽃들이 "산불처럼 도져"갔기 때문이다. 꽃은 산 전체를 덮고, 산불에 데워진 산은 제 기슭의 사람들을 포함해 모든 산의 물상들에 꽃(불)의 에너지를 주입하여 일으켜 세우는 것이다. 그리고 그렇게 선 산의 존재들은 일제히 형형한 눈빛으로 하늘을 푸르게 하고 시인에게 '환한 생'을 목격케 하는 것이다.

이것이 『카프카와 만난 잠의 노래』가 펼쳐 보이는 광경이다. 시인-대상의 동일화 과정 속에서, 대상 쪽으로부터 오는 생명의 기운에 대한 묘사와 그 묘사를 은밀한 기쁨으로 토로하는 시인의 진술이 꽃봉오리처럼 쑥쑥 올라온다. 이제 와 보니, 환서법_{Métalepse}은 아마도 박주택 시의 근본 기법이 아닐까 생각될 정도이다. 왜냐하면 시의 막바지, 산과 사람들의 집단적 움직임을 통해서 '나'의 '땀'-'풍적소리'-'꽃'의 비유 이동이 비로소 그 의의를 드러내기 때문이다.

5. 생성의 역사를 점검하는 눈동자가 비추는 상상/현실의 긴장

하지만 독자는 앞에 인용된 시의 마지막 행을 주의할 필요가 있다. "환히 생을 피우는 것처럼 보일 때까지―"라고 썼다. "환히 생을 피우는 걸 보일 때까지—"가 아니다. 또한 시집 제목에 의하면 이는 잠 속의 사건이다. 요컨대 시인-대상의 동일화 과정이 보여주는 풍요한 박주택식 시적 실험은 상상력의 권능 하에 놓이는 것일 뿐, 실현태를 갖지 못한다는 것이다.

 이는 시의 숙명을 환기시키며, 동시에 시의 숙명을 그 순정한 모습 그대로 드러내는 시인의 정직성을 가리킨다. 실로 어느 시가 완성된 현실을 노래하는가? 시의 이름으로 그런 일이 간혹 벌어지지 않는 건 아니지만, 그것은 시가 아니라 굴욕이다. 시인의 눈으로 현실은 언제나 결락이다. 시인이 하는 일은 현실을 충족시키는 것이 아니라 현실을 가능성의 공간으로 여는 행동이다.

 『시간의 동공』에 와서 박주택 시는 전 시집들을 종합하며 한 단계 상승한다. 전 시집들이 행한 최종 행동은 시인과 일반 존재들(시인에게 낯선 존재들로 비쳤던) 사이의 일치를 정서적으로 달성하는 것이다. 그런데 여기서 '정서적 일치'라는 말은 단순한 감정적 동화를 가리키는 것이 아니다. 지금까지 필자가 설명한 것처럼 이것은 매우 정교한 논리와 기법을 통해서 마련한 합치의 증거 항목들과 조리있는 맥락을 마음이 합당하다고 받아들임으로써 이루어진 것이다. 올바른 마음은 논리와 이성을 부정하지 않는다. 그게 아니라 파스칼이 정당히 설명했듯, 마음은 "최초의 원리들을 인식"하는 장소이다. 그 인식이 없으면 "이성은 모든 근거를 상실하게 된다.*"

---

* cf. Blaise Pascal, *Œuvres complètes* - Texte établi, présenté et annoté par Jacques Chevalier (coll.: Pléiade), Paris: Gallimard, 1954, pp.1221~2.

이제 마음 합치의 최대치에까지 간 상태에서 시인은 곧바로 현실의 정복을 향해 가는 게 아니라, 그런 마음이 여하히 어떤 새로운 삶을 꿈꿀 수 있을까 하는 것이다. 필자는 이 점에 대해서 시집, 『시간의 동공』의 해설, 「눈동자로부터의 모험」에서 얼마간 해설하였다고 생각하니, 자세한 내력을 알고 싶은 독자에게는 일독을 권한다.

간단히 요약하면, 그 글에서 필자는 '동공' 즉 눈동자의 기능을 다음과 같이 풀이하였다.

첫째, '눈동자'는 이 시집의 편재적 기표, 기본 기표이다.

둘째, '눈동자'는 삶의 근본을 되새기는 과정을 거쳐 생의 전복을 이행케 하는 '홰'에서 반짝인다.

셋째, 이 과정을 통해서 상황 전체가 '눈동자'를 장착한다.

넷째, 그리고 이 '횃눈'의 기능을 무한대의 차원으로 열고자 하는 어휘가 '동공'이다.

이 부분만을 재인용한다.

> 시집의 제목은 『시간의 동공』이다. 왜 '눈동자'가 아니라 "동공(瞳孔)"이란 말인가? […] '동공'은 '공동(空洞)'과의 말놀이를 위해 출현하였다. 그리고 이때 공동은 눈동자의 그것, 즉 텅 빔으로서의 눈동자를 가리키는 것이다. 이 형상은 이중적으로 이 시집에 관여한다. 우선, 그것은 최초의 눈동자가 눈의 사태에 이르게 되는 과정을 암시한다. 다음, 그것은 처음에 '맹목'으로 지시되었던 다수성의 존재들이 실은 스스로 눈빛을 빛내는 존재들이라는 깨달음으로 이행하는 과정을 암시한다. 그러니 '공동'과 '동공'은, 이 시집의 눈동자가 겪은 모든 모험의 전 과정에 요철의 굴곡을 형상으로

그리며 생성과 소멸을 번갈아 되풀이하고 있다고 말할 수도 있는 것이다*.

생성의 전 과정에 달라붙은 눈동자. 이는 빛을 감지한다고 추정되는 나비 날개의 눈과도 같다. 나비 날개의 눈이 짝짓기의 전조라면, 박주택 시의 '시간의 동공'은 기나긴 내력으로 펼쳐지는 삶의 생산에 부단히 개입하는 점검과 성찰로 기능한다.

그러나 이 생성은 얼마나 가혹한 것인가? 앞에서 이 투지가 상상력의 우주 안에 갇혀 있음을 유념한 적이 있다. 때문에 이러한 생성이 상상의 날개를 활짝 연다 하더라도 그 현실적인 힘은 미약할 수밖에 없다. 따라서 상상의 평면에서 시인의 행동은 환히 펼쳐지지만, 현실의 입장에서 보면, 그것은 시인이 가진 모든 에너지를 소진하는 참으로 고단한 고투의 형상을 띤다. 이어지는 시집, 『또 하나의 지구가 필요할 때』의 시편들은 그 인식으로 점철되어 있으니, 그 점을 두고 시인은

> 문득 감옥에서 아들이 어머니에게 부친 편지 생각 아픈 곳마다에서 타버리는 미래
>
> ―「국가의 형식」

라고 진술한 바 있다. 이 "타버리는 미래"의 소멸을 막기 위해 시인은 전 존재를 투여한다.

---

* 졸고, 「눈동자로부터의 모험」, 박주택 시집, 『시간의 동공』, 문학과지성사, 2009, pp.152~3.

모든 숨은 슬프다, 가혹하고, 헛되고, 고요하다
존재는 허기를 움켜쥔 채 꿈틀거리고
뿌리는 단단해지기 위해 바닥을 모은다

-「숨」

는 표현은 그 사정을 적시한다. 그는 시방 "육체를 쥐어짜며/옷감 짜는 소리들"(「옷 짜는 대합실」)을 뱉는다. 그러나 이 소리들 안에는 막강한 현실을 거꾸러뜨리고 말겠다는 독한 의지가 비수가 박힌 희생양의 비명으로 찢겨져 나온다.

양 한 마리, 벌판 구름 아래 고삐에 매여 있다

누군가를 향해 날아가는 분노
격렬하게 입을 벌린 비올라 소리

마침내
나무들이 홀을 향해 잔인하게 잎을 흔들 때
양의 배에 깊숙이 박히는 칼날

-「비올라 연주자」

상상/현실 사이를 막은 가로막에 전류가 흐르도록 할 방법은 아직 없다. 그럼에도 불구하고 이 상상의 팽창과 현실의 메마름의 팽팽한 대립 속에서 무언가가 커지고 있다는 것을 주목할 필요가 있다. 현실의 실제적인 빛이 희박해져 갈수록 거기에 드리운 어둠이 바깥의 상상의 신호를 받아 스스로 저의 특성들을 발달시키고 저의 질량을 키우고 있는 것이다. 바로 '어둠'이 새로운 생명의 장소로서 스스로 자라고 있다. 그 과정을 감동적으로 표현한 시가 있다.

    어둠을 뚫어지게 바라보니 어둠도 뚫어지게 바라본다
    별이 빛으로 반짝이기까지 낮은 무엇의 배경이 되었을까
    어둠이, 어둠이 되었을 때
    그 배경으로 잠이 들고 말도 잠을 잔다
    말이 잠들지 않았다면 붉은 말들은 무엇을 만들어 낼 것인가
    어둠 속으로 한 발자국 걸어가는 동안
    어둠이 한 발자국 걸어온다
    어둠은 낮에게 어둠에 가깝게 보일 때까지
    자신을 말하지 않고도 낮의 것을 받아들인다
    그러지 않고서야 어떻게 검을 수가 있단 말인가
    그래서 어둠이 키우는 것은 대개 마른 것들
    벌어진 살에 쏠리는 것들
    어둠 속에서 어둠의 숨을 듣는다
    어둠에게 서서 어깨에 얹는 손을 본다
    어둠이 깊은 것으로 자신을 만들어
    모든 것의 배경이 되는 것을 본다

    수많은 별이 빛날 때까지

    수많은 말이 잠들 때까지

수많은 마음이 잠들 때까지

—「어둠의 산문」

　이 시를 요약하면 "어둠이 깊은 것으로 자신을 만들어/모든 것의 배경이" 된다, 가 될 것이다. 하지만 이 요약보다도 더 중요한 것은 시 전체를 음미하는 것이다. 왜냐하면 이 시는 '시간의 동공'이 눈망울 안에 담은 고난과 의지와 투쟁의 전 생애가 이 어둠 안에 차곡차곡 포개지며 일렁이는 광경을 파노라마로 펼쳐 보이고 있다. 그 파노라마 속에서 독자가 문득 깨닫는 것은 시간의 눈동자는 현실 바깥에 붙어 있을 뿐 아니라, 어둠 안에서도 번득이고 있다는 것이다. "어둠을 뚫어지게 바라보니 어둠도 뚫어지게 바라본다"는 것을 시인은 직관한다.

　이 배경에 의해서 몸이 왜소화될수록 생의 고통이 날카롭게 찢어질수록, 삶에 대한 믿음과 신생에의 의지는 더욱 두터워진다.

6. 유형지의 수도자

　그의 방랑, 유형지를 옥토로 만들기 위한 그의 편력은 멈추지 않는다. 그의 시력에 숫자상의 제한은 없을 것이다. 다만 지금 이 순간 그가 걸어온 시력 40년을 돌이켜 보면, 시인이 이 가혹한 생을 꿋꿋이 뚫고 지나올 수 있었던 것은 무엇보다도 자신을 황야에 갇힌 수인으로서, 단순히 고통받는 모습을 도드라지게 할 뿐만 아니라, 자신의 결핍과 오류를 쉴 새 없이 되새기는 구도자의 형상을 아울러 갖추면서 자신의 자세를 거듭 가다듬는 단련을 해왔고 여전히 그러할 것이라는 점에 있을 것이다. 그 자세는 주변의 낯선 존재들과 자신을 동일화되는 최초의 변신에서부터 빛의 소멸 속에서 어둠의 성장을 간파해 낸 마지막 통찰에까지 올곧게 유지되어 온 것이었다. 그것이 바로 그의 "하얀 척추"(「석불을 찾아서」)이었으리라.

박주택 시선집

초판 1쇄 인쇄일 2025년 6월 13일
초판 1쇄 발행일 2025년 6월 20일

지은이	프락시스연구회
펴낸이	한선희
편집/디자인	정구형 이보은 박재원 안솔비
마케팅	정진이
영업관리	정찬용 한선희
책임편집	안솔비
인쇄처	으뜸사
펴낸곳	국학자료원 새미(주)
등록일	제 395—3240000251002005000008 호
	경기도 고양시 덕양구 권율대로 656 원흥동 클래시아 더 퍼스트 1519, 1520호
	Tel 02)442-4623 Fax 02)6499-3082
	www.kookhak.co.kr
	kookhak2010@hanmail.net
ISBN	979-11-6797-237-8 *03810
가격	38,000원

* 저자와의 협의하에 인지는 생략합니다.
　국학자료원·새미·북치는마을·LIE는 국학자료원 새미(주)의 브랜드입니다.
* 이 책 내용의 전부 또는 일부를 재사용하려면 반드시 저작권자의 동의를 받아야 합니다.